U0504588

中古时期淮泗区域研究

许峻维 ◆ 著

上海三联书店

目 录

第一章

绪　　论

第一节　选题缘起

　　本书选择淮泗地区作为研究对象,本书的淮泗地区为楚州、泗州、徐州、海州,以楚州为起始,进而发散到泗州、徐州、海州。作为淮泗地区的起始楚州(今淮安),为何选择由此切入,主要是因为笔者之前在淮安工作,于淮阴师范学院任教,任职期间就对当地文化进行研究,开始对于淮泗地区产生研究兴趣。在研究上学界普遍重视研究扬州地区,对于中国中古时期,淮泗地区的研究较少,因而有本书的撰写。

　　提到淮安,最出名的是周恩来总理出生于淮安。周总理之名,连远在台湾的笔者都如雷贯耳。笔者在爬梳史料、收集资料的过程中,发现时人只知明清的淮安,而忽略唐宋的楚州,更遑论,唐宋之前的末口、射阳、山阳等名称。在现在的淮安市,因为淮安区有楚州区,故当地人因此还知道楚州之名。然楚州并非只是一个区名,它有丰厚的历史背景,因此笔者进行本书研究。然因淮安数度更名,为了统一的称呼,称为淮泗地区,后为朝代与行文需要,会出现当时的地名。

唐代的楚州是淮南道重镇,与扬州并列的富庶之地,而史念海关注到楚州与扬州是运河的南北端,但由于扬州是长江中下游到转运站,而楚州是过路站,所以扬州繁荣胜过楚州。楚州的农业与桑蚕业也有一定的基础,楚州主要是盐业相当重要,有涟水县与盐城这个以盐命名的县,扬州的盐铁使都需要仰赖楚州来完成盐课的税收①。史念海在"论扬州和长江中下游的经济地区"一文关注到,唐代后期李承在楚州修建的海堰,扬州本身距海也不远,因此由楚州南到太湖以南的湖州地区这狭长的经济带,扬州就在这个经济区的中央②。这个经济带可以参看图1-1-1史念海所绘制的唐代扬州和长江中下游经济地区图。从图上可以看到整个经济带农业非常发达。史念海虽然重点在描述扬州地区,也关注到了楚州在这个经济地带上,本书则侧重写楚州地区,本书认为在扬州发达的经济上,也会带动周边楚州地区的经济发展。楚州大体常稳发展,直至后来水患频仍才有所影响。

魏晋到隋唐时期,楚州发生水患的频率相较于之后是相对平稳,楚州开始大规模出现水患,始于黄河夺淮,黄河夺淮,而导致淮河淤积形成洪泽湖,进而开启不断的水患。这罪魁祸首是南宋杜充,宋高宗建炎二年(1128)冬天,"杜充决黄河,自泗入淮以阻金兵"③。从公元1128年淮泗地区常发大水,这个问题的根治,要等到新中国成立后,1953年的三河闸完工与1958年的二河闸完工

---

① 史念海:《河山集》7,西安:陕西师范大学出版社,1999年,第187—188页。
② 史念海:《河山集》3,北京:人民出版社,1988年,第286—288页。
③ (元)脱脱:《宋史》,北京:中华书局,2010年,卷25《高宗本纪二》,第459页。

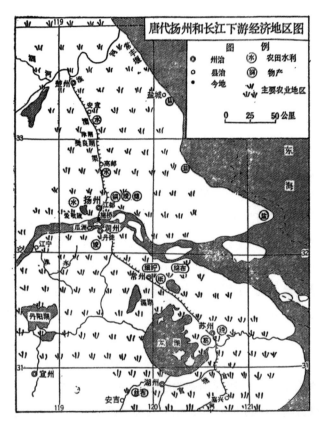

图1-1-1 唐代扬州和长江中下游经济地区图①

而告终。此为淮泗地区的第一个挫折,第二个挫折是因为南宋李
全叛乱,楚州因而被降格成为淮安军,之后更名为淮安导致名气
需重新累积。淮泗地区的徐州与扬州,延续千古旧名,至今仍名
声响亮,这在第二章会加以探讨。

① 史念海:《河山集》3,北京:人民出版社,1988 年,第 287 页。

第二节　学术史回顾

本书以中古时期为切入点,以淮泗地区作为研究对象,从淮泗地区的楚州起始,扩散到泗州、徐州与海州,这是本书的切入点。在学术史的回顾上,有单独研究淮南,有单独研究淮南道,有单独研究徐州,有单独研究泗州,有单独研究海州的。在前辈学者研究方面,学界专书单独涉及楚州、泗州、徐州、海州的鲜有。本书探讨诗文中关于淮泗地区的部分,在李白、白居易、刘禹锡、三苏、张耒、杨万里等较出名的文人的诗文中,涉及淮泗地区的有引用,另外包括泗州强至、陆畅、王智兴等只要涉及的诗文,本书试图建构出消逝而留存在文人作品中的淮泗地区。本书苏轼的诗文是量最大的,主要探讨苏轼知徐州时期,进而以苏轼诗文作品中关于淮泗地区的作补充。综上所述,学术史回顾上依序以做探讨。

首先涉及淮泗与淮泗地区的探讨学位论文分别有淮泗画像石①、方志文献学②、唐代山南道③、唐代战争④、唐代土贡⑤、江东政局⑥、魏晋南北朝的士人北迁⑦、北宋大运河的功能与社会性⑧、魏

---

① 王磊:《淮泗画像石——东汉墓葬的视觉营造与历史主体》,中央美术学院博士论文,2017年。
② 黄毓芸:《魏晋隋唐方志文献学研究》,西南交通大学博士论文,2019年。
③ 林云鹤:《唐代山南道研究》,上海师范大学博士论文,2018年。
④ 王效锋:《唐代中期战争问题研究》,陕西师范大学博士论文,2012年。
⑤ 文媛媛:《唐代土贡研究》,陕西师范大学博士论文,2014年。
⑥ 曹建刚:《唐代"江东"地域政局研究》,山东大学博士论文,2014年。
⑦ 王娟:《冲突与融合:魏晋南北朝时南人北迁研究》,上海师范大学博士论文,2013年。
⑧ 张义祥:《北宋大运河功能及社会影响研究》,郑州大学博士论文,2021年。

晋南北朝的保障[①]等方面。关于淮南与淮南道则有关于宋代扬州
城市与经济[②]、南宋两淮的防御[③]、唐代女性的衣食劳作与文化[④]、
唐代宦游人士的南方生态意象[⑤]、唐代中原藩镇[⑥]、唐代送别诗[⑦]、
唐代城市管理[⑧]、唐代自然灾害方面[⑨]、唐代自然灾害诗歌[⑩]、南宋
货币与战争[⑪]。在期刊论文方面，王旭探讨北宋淮南东部的水利
工程[⑫]，谢安琪与张义中探讨南北朝时期淮南地区的墓葬[⑬]，袁钰
莹探讨五代两宋政局变动下的淮南商业格局[⑭]。汪舒桐关注到南
朝陈与北齐在太建北伐中，在淮南的攻防[⑮]。吴同关注到淮南运
河的通航与漕运定额[⑯]。汪勃谈到隋唐淮南运河过扬州唐罗城段

---

① 许秀文：《魏晋南北朝社会保障研究》，河北师范大学博士论文，2020 年。
② 何适：《从内地到边郡—宋代扬州城市与经济研究》，上海师范大学博士论文，2016
　 年。
③ 周燕来：《南宋两淮地区军事防御体系研究——以宋金和战时期为中心》，西北大学
　 博士论文，2010 年。
④ 谢宇荣：《唐代女性衣食劳作及其文化影响研究》，陕西师范大学博士论文，2021 年。
⑤ 赵仁龙：《唐代宦游文士之南方生态意象研究》，南开大学博士论文，2012 年。
⑥ 朱德军：《唐代中原藩镇研究》，陕西师范大学博士论文，2009 年。
⑦ 杨玉锋：《唐代送别诗研究》，陕西师范大学博士论文，2020 年。
⑧ 梁克敏：《唐代城市管理研究》，陕西师范大学博士论文，2018 年。
⑨ 靳强：《唐代的自然灾害若干问题研究》，武汉大学博士论文，2013 年。
⑩ 孙越：《唐代自然灾害诗歌研究》，吉林大学博士论文，2021 年。
⑪ 郑壹教：《南宋货币与战争》，河北大学博士论文，2012 年。
⑫ 王旭：《北宋淮南东部的水利工程与区域发展进程》，《江苏社会科学》第 3 期，2024
　 年，第 232—240 页。
⑬ 谢安琪，张义中：《淮南地区南北朝墓葬探析》，《东南文化》第 2 期，2023 年，第 88—
　 99＋202 页。
⑭ 袁钰莹：《五代两宋政局变动下的淮南商业格局》，《南京大学学报》第 5 期，2022 年，
　 第 61—71 页。
⑮ 汪舒桐：《论太建北伐陈与北齐在淮南的攻守——兼释"他家物，从他去"》，《安徽史
　 学》第 1 期，2022 年，第 142—149 页。
⑯ 吴同：《北宋汴河、淮南运河的通航能力与漕粮定额》，《中国经济史研究》第 5 期，
　 2020 年，第 12—24 页。

位置①。黄纯艳关注宋代运河的水情与航行②。张勇、耿雪敏和曹卫玲关注到在两淮物资转输体系与地理格局上③。

在淮南道的探讨上,主要的探讨学位论文分别有唐代旅游地理④,唐代粮食问题⑤,唐代盐业地理⑥,汉唐农耕区的拓展⑦,南宋两淮的军事防御体系⑧等。在期刊论文方面徐东升关注到唐宋麻布生产的地理分布⑨。杜文玉、王凤翔关注到唐五代时期茶叶产区分布考述⑩。张金铣、赵建玲探讨到唐末清口之战及其历史地位⑪。秦冬梅、陈晓红关注六朝时期的江淮农业⑫。

关于苏轼作品中的淮泗地区,则以博士论文的李常生《苏轼行踪考》⑬加以论述,李常生关注到苏轼一生所走过的行程,探讨其行踪,其作者更是全程走过这些景点,考证研究其确定的位置。

---

① 汪勃:《扬州唐罗城形制与运河的关系——兼谈隋唐淮南运河过扬州唐罗城段位置》,《中国国家博物馆馆刊》第 2 期,2019 年,第 6—19 页。
② 黄纯艳:《宋代运河的水情与航行》,《史学月刊》第 6 期,2016 年,第 91—108 页。
③ 张勇,耿雪敏:《两宋淮南地区物资转输体系初探》,《中国农史》第 4 期,2010 年,第 60—65＋27 页。张勇,曹卫玲:《两宋淮南地区物资转输地理格局初探》,《史林》第 5 期,2009 年,第 91—97＋189 页。
④ 刘勋:《唐代旅游地理研究》,华中师范大学博士论文,2011 年。
⑤ 李维才:《唐代粮食问题研究》,山东大学博士论文,2011 年。
⑥ 李青淼:《唐代盐业地理》,北京大学博士论文,2008 年。
⑦ 徐臣攀:《汉唐时期农耕区拓展研究》,陕西师范大学博士论文,2016 年。
⑧ 周燕来:《南宋两淮地区军事防御体系研究——以宋金和战时期为中心》,西北大学博士论文,2010 年。
⑨ 徐东升:《唐宋麻布生产的地理分布》,《中国社会经济史研究》第 2 期,2008 年,第 6—13 页。
⑩ 杜文玉,王凤翔:《唐五代时期茶叶产区分布考述》,《陕西师范大学学报(哲学社会科学版)》第 3 期,2007 年,第 78—87 页。
⑪ 张金铣,赵建玲:《唐末清口之战及其历史地位》,《安徽大学学报》第 1 期,2000 年,第 74—78 页。
⑫ 秦冬梅,陈晓红:《试论六朝时期的江淮农业》,《中国农史》第 4 期,1996 年,第 8 页。
⑬ 李常生:《苏轼行踪考》,南京师范大学博士论文,2017 年。

在该书第 14 篇苏轼知徐州用了 50 页的篇幅记录,探讨到苏轼在
徐州抗洪,并建黄楼成为当地治水的圣殿,苏轼与其朋友家人也
有作品探讨到黄楼。之后李常生以苏轼在徐州的时间依序罗列
探讨苏轼该时期的诗。本书无意探讨苏轼诗文的象征意义,写作
动机,背后意涵等方面,故仅罗列相关的部分。本书引用了罗凤
珠的统计,苏轼的诗文在淮泗地区的诗歌以徐州最多 197 首,泗
州地区 28 首,海洲地区 13 首,楚州仅 10 首[1]。关于苏轼的“石
炭”诗,本书引用徐东升、郑学檬的看法,他们以苏轼的“以(煤)冶
铁作兵,犀利胜常”一句进行辨析[2]。其他关于苏轼的研究还有胡
建君、刘欣宜关注到围绕以苏轼为中心的文人圈[3]。王兆鹏、李洁
芳对 20 世纪苏轼的研究论著进行量化分析[4]。

　　楚州部分,学位论文方面探讨了江淮东部城镇发展历史[5]。
圆仁的入唐求法及其对日本文化的影响[6]。淮扬运河沿线传统景
观体系方面[7]。京杭大运河水文化遗产保护方面[8]。南京都市圈
文化旅游空间方面[9]。《永乐大典》中江苏佚志的研究[10]。期刊论
文本书引用了刘海波的看法,楚州献宝为肃宗所授意的,而非代

① 罗凤珠:《苏轼文史地理资讯建构》,《图书与资讯学刊》,第 4 卷第 2 期。
② 徐东升,郑学檬:苏轼《以(煤)冶铁作兵,犀利胜常》辨析,西北师大学报(社会科学
　版)第 3 期,2008,第 59—62 页。
③ 胡建君,刘欣宜:《北宋“墨文化”再解读——围绕以苏轼为中心的文人圈的考察》,
　《复旦学报(社会科学版)》第 6 期,2023 年,第 143—151 页。
④ 王兆鹏,李洁芳:《20 世纪宋史领域里苏轼研究论著的量化分析》,《海南大学学报
　(人文社会科学版)》第 6 期,2023 年,第 11—21 页。
⑤ 陈饶:《江淮东部城镇发展历史研究》,东南大学博士论文,2016 年。
⑥ 师敏:《圆仁的入唐求法及其对日本文化的影响》,西北大学博士论文,2011 年。
⑦ 蒋鑫:《淮扬运河沿线传统景观体系研究》,北京林业大学博士论文,2022 年。
⑧ 霍艳虹:《基于“文化基因”视角的京杭大运河水文化遗产保护研究》,天津大学博士
　论文,2017 年。
⑨ 侯兵:《南京都市圈文化旅游空间整合研究》,南京师范大学博士论文,2011 年。
⑩ 崔伟:《〈永乐大典〉本江苏佚志研究》,安徽大学博士论文,2010 年。

宗所为,目的是使李唐王室,能够在安史乱时,顺利完成皇位的移转①。本书再探赵立在镇守楚州期间,利用武勇激励士气。比较可惜的是当时在白马湖一带的张敌万,是张荣的抗金武装,但赵立与他们却不能合作,这里王曾瑜的解释是失误②。

俞晖、俞兆鹏关注到南宋对于李全错误的处理及其原因③。李宗勋、陈建红关注到圆仁的《入唐求法巡礼行记》与九世纪东亚海上通交④。

关于泗州的学位论文有金代南京路的探讨⑤。黄河南徙对徐淮地区的生态与社会经济等影响⑥。还有苏门词人的研究⑦。在期刊论文方面,张亮、杨潇关注到僧伽造像在长安与泗州各有其样式⑧。陈业新探讨到泗州城市水患及其原因⑨。朱德军探讨中晚唐直隶州⑩。李静、董宏钰关注泗州时期苏轼的诗心佛缘⑪。郑

---

① 刘海波:《楚州献宝与改元宝应—唐肃代之际政治史探微》,《信阳师范学院学报》,第 38 卷第 3 期,第 126—128 页。

② 王曾瑜、贾芳芳:《南宋民族英雄赵立和楚州保卫战》,《四川师范大学学报》,第 40 卷,第 4 期,2013 年,第 135—136 页。

③ 俞晖,俞兆鹏:《南宋统治者处置李全问题的错误及其原因》,《江汉论坛》第 4 期,2012 年,第 121—126 页。

④ 李宗勋,陈建红:《圆仁的〈入唐求法巡礼行记〉与九世纪东亚海上通交》,《东疆学刊》第 2 期,2024 年,第 53—61+68 页。这边是通交,非交通。

⑤ 姜雨:《金代南京路研究》,吉林大学博士论文,2024 年。

⑥ 李高金:《黄河南徙对徐淮地区生态和社会经济环境影响研究》,中国矿业大学博士论文,2010 年。

⑦ 姚菊:《苏门词人研究》,南京大学博士论文,2013 年。

⑧ 张亮,杨潇:《长安传统与泗州样式:唐宋僧伽造像的两个序列》,《敦煌研究》第 3 期,2023 年,第 88—97 页。

⑨ 陈业新:《历史地理视野下的泗州城市水患及其原因探析》,《学术界》第 5 期,2020 年,第 167—175 页。

⑩ 朱德军:《时空维度下的中晚唐直隶州》,《江汉论坛》第 3 期,2019 年,第 106—112 页。

⑪ 李静,董宏钰:《论泗州时期苏轼的诗心佛缘》,《学术交流》第 12 期,2016 年,第 196—201 页。

式探讨中古时期泗州僧伽信仰与图像的在地化①。李小山考证泗州开元寺僧澄观②。陈炳飞注意到古泗州城③。

关于徐州的学位论文探讨到徐州汉墓与汉代社会研究④,朱梁集团研究⑤,魏晋南朝中央对地方军政官的管理制度⑥。期刊论文方面,闫天一、刘超、梁勇做了江苏徐州铜山区"桓魋石室"的调查简报⑦。朱子彦史林关注到汉魏之际徐州的战略地位与归属⑧。王蕊注意到青徐兖地方军政长官与西晋后期政局⑨。

关于海州学术论文探讨了五代时期南方诸政权政区地理⑩。关注到太平寰宇记得若干问题⑪。硕论则探讨郁州岛⑫。期刊论文最新的是 2024 年 2 月胡耀飞的《滨海地缘与州县关系:〈王宗本玄堂记〉所见晚唐海州地域史》⑬,该文主要探讨唐代州与县之

① 郑式:《佛装与佛化—中古时期泗州僧伽信仰与图像的在地化》,《中国国家博物馆馆刊》第 12 期,2016 年,第 71—97 页。
② 李小山:《泗州开元寺僧澄观考》,《兰台世界》第 13 期,2011 年,第 76—77 页。
③ 陈炳飞:《中国的水下庞贝———古泗州城》,《中学地理教学参考》第 10 期,2000 年,第 2 页。
④ 刘尊志:《徐州汉墓与汉代社会研究》,郑州大学博士论文,2007 年。
⑤ 伍纯初:《朱梁集团研究》,上海师范大学博士论文,2017 年。
⑥ 陶新华:《魏晋南朝中央对地方军政官的管理制度研究》,北京大学博士论文,2000 年。
⑦ 闫天一、刘超、梁勇:《江苏徐州铜山区"桓魋石室"调查简报》,《东南文化》第 4 期,2023 年,第 40—52 页。
⑧ 朱子彦:《汉魏之际徐州的战略地位与归属》,《史林》第 3 期,2010 年,第 38—47+188 页。
⑨ 王蕊:《青徐兖地方军政长官与西晋后期政局》,《东岳论丛》第 10 期,2009 年,第 92—97 页。
⑩ 周庆彰:《五代时期南方诸政权政区地理》,复旦大学博士论文,2010 年。
⑪ 杨杨:《〈太平寰宇记〉若干问题研究》,上海师范大学博士论文,2017 年。
⑫ 洪扬:《中古时期郁洲岛地域社会研究》,南京大学硕士论文,2017 年。
⑬ 胡耀飞:《滨海地缘与州县关系:〈王宗本玄堂记〉所见晚唐海州地域史》,《社会科学战线》第 2 期,2008 年,第 140—151 页。

间的关系,以海州东海县令王宗本切入,当时海州刺史为卢绍,曾登上白虎山北侧留下摩崖石刻,胡耀飞还关注到海州海外交通便利,且有丰厚的海盐收入。胡耀飞还引用了吕让的墓志探讨这位海州刺史的善政,此外还引用了白居易与孙樵的记载。海州本书探讨到魏胜引用了黄宽重的看法,他认为这是因为主和派急于求和,撤除防备所导致,魏胜战死后,宋藩篱尽失,只能遣使求和①。海州的期刊论文还包括张文华《隋唐时期淮北地区农业生产的地域差异及其盛衰变迁》②,谢振华探讨到《南朝"以淮为界"疆域观的形成及其影响》③,最后是笔者的《魏晋隋唐时期海州文化的发展》④,以上为学术回顾的部分

第三节　研究思路与内容概要

回到本书要探讨的就是 3—10 世纪的淮泗地区,淮泗地区包括楚州(淮安)、泗州、徐州与海州。本书以地理书与地方志作为核心材料进行探讨。楚州部分如正德淮安府志、万历淮安府志;徐州如嘉靖徐州志、咸丰邳州志;海州如嘉庆海州直隶州志等。另以缪荃荪等编的《江苏省通志稿》⑤作为补充材料。本书的章节

① 黄宽重:《南宋高宗孝宗之际的抗金义军》,《中研院史语所集刊》,51 本 3 分,1980 年,第 564—565 页。
② 张文华:《隋唐时期淮北地区农业生产的地域差异及其盛衰变迁》,《历史教学问题》第 6 期,2011 年,第 92—99＋21 页。
③ 谢振华:《南朝"以淮为界"疆域观的形成及其影响》,《安徽史学》第 3 期,2024 年,第 125—133 页。
④ 许峻维:《魏晋隋唐时期海州文化的发展》,《淮阴师范学院学报(哲学社会科学版)》第 4 期,2019 年,第 614—618 页。
⑤ 缪荃荪:《江苏省通志稿》,江苏省政府,1945 年。

内容如下：

本书共分为五个章节，分别为第一章绪论，绪论里面包括了选题缘起、学术史回顾、研究思路与内容概要。第二章淮泗地区的位置与军政，主要分为两个节进行探讨，分别就楚州与泗州、徐州与海州两个部分进行探讨。第三章为淮泗地区的经济与社会，一样分别就楚州与泗州、徐州与海州两个部分进行探讨。第四章则为消逝的淮泗地区与宗教，分为三个部分探讨，除了文人作品中的楚州与泗州、文人作品中的徐州与海州外，还探讨淮泗地区的宗教。第五章为结论。

第二章主要研究徐州与海州的位置与军政，整个淮泗地区本书以楚州为起始，进而描述周边的泗州、徐州与海州。楚州因为在唐代为黄河安流期，故经济非常繁荣，又比邻扬州，故白居易称之为"壮丽东南第一州"。唐代与宋代以后主要的差别在于黄河安定与否，在唐代为安流期，可以稳定发展，宋代开始南宋杜充挖掘黄河，导致整个淮泗地区变成黄泛区，虽明清时期楚州（淮安）地区因为漕运而得以繁荣，但仍饱受水患之苦。直到新中国时期，1958 年才彻底解决黄河泛滥的问题。

淮泗地区的人由于地处黄河与长江间的淮河流域，民风强悍，如项羽、刘邦、刘裕，甚至南宋时期的骁将赵立与魏胜都是这地区的人，淮泗地区在南北对峙时期，为南方抵御北方的屏障，所以战争频仍，而民风又强悍。楚州地区由于南宋与金对峙及元末动乱，一度有仅剩 7 个家族的记载。整个中古时期在淮泗地区的战争非常多，包含北魏太武帝南征刘宋，在淮泗地区交战的记载。整个淮泗地区分别就楚州与泗州、徐州与海州两个部分进行探讨。这边提一笔楚州现今叫淮安，不得不提到这次改名。楚州因为南宋李全叛乱，被从楚州降格为淮安军，而后就改名为淮安。

　　第三章主要以经济跟社会对淮泗地区进行探讨,淮泗地区的楚州由于有平阳石鳖,田稻丰饶,有运河漕运之利,有产盐,楚州下辖的盐城县,以盐为名,可见其产盐量之大,宋代盐产 27 万石,后技术改革后,产量上升到 41 万石。楚州的水利设施包括沙河在内,现今为里运河的清江浦,至今犹存。泗州则为宋代造船厂,宋金的榷场。从马可波罗的记载,可以看到淮泗地区的楚州与泗州非常的繁荣,此为马可波罗一手的见闻。徐州与海州部分,前者探讨到苏轼徐州抗洪水一事,同时苏轼关注到徐州产石炭,还有利国监的冶铁业,这些都是徐州经济的部分。海州则面临大海,有航运之利,本身农业虽有,但相较一般。

　　第四章则为消逝的淮泗地区与宗教,笔者主要想建构出故纸堆中,那个已经消散的淮泗地区。从楚州开始笔者实地调研推测出楚州在唐代,龙兴寺与开元寺大致现今的位置。然后笔者也实地走访韩信城、甘罗城、韩母墓、漂母墓等景点。白居易、刘禹锡与郭行余三人探讨的枸杞井,这郭行余由于参加甘露之变失败被杀,其作品消散,借由白居易与刘禹锡的文集,得以保存此事。楚州当地人赵嘏与张耒二人的作品,也记录保留了他们经历过的楚州。泗州则有陆畅记录了谢家楼,蔡襄记录了马子山观漕亭等景点。徐州部分则是苏轼父子三人都有留下浓厚的一笔记载,其中以苏轼为最,因其知徐州,其弟子张耒又是淮泗地区的楚州人。海州则有张耒等人诗的流传。最后是地理书中,淮泗地区宋代所保留的景点。最后是淮泗地区的宗教,主要探讨曾经存在的佛教、道教与民间信仰,还有《太平广记》中涉及的故事。笔者实地走访过现今的东岳庙,此为道教宫观,相传为唐代程知节,也就是程咬金所建。笔者参观后,进而想重构出这些故纸堆中的景点。如玄妙观,有画猴戏马惊壁画的紫极观,这个壁画苏轼也看过,并在其后题字。佛教寺庙则有龙兴寺,开元寺等,龙兴寺笔者还大致推测出其现今的位置。民间信仰有南宋时期为了保家卫国英勇战死的赵立与魏胜两位将军的庙。以上为本书的内容梗概。

第二章

淮泗地区的位置与军政

第一节　淮泗地区的楚州与泗州

一、淮泗地区的楚州

楚州,基本上指的是淮河下游,今天淮安市、盐城市、宿迁市一带,而本书关注的淮泗地区,以今淮安市为起始,涵盖周围,即唐代楚州的地界。淮安在唐代,名为楚州,是相对稳定的地方,因为遇到了黄河安流的八百年期间[1],楚州遇到淮河水患,始因于唐肃宗干元 2 年(759),史思明令人挖掘黄河,人为决堤,自此之后开始成为滥觞,到了五代,人工决堤频繁,黄河安流的因素难以维系[2]。淮河的水患自此影响楚州地区的发展。

---

[1] 史念海:《隋唐时期重要的自然环境的变迁及其人为作用之关系》,《河山集》5,北京:人民出版社,1988 年,第 190 页。

[2] 《河山集》5,第 192—193 页。

　　人口南移这问题,黄河人口南移至长江下游[1],然也会有人迁移到淮阴地区之后就暂时留在这边,或者永久迁徙。当南北分裂之时,淮阴地区的重要性就是,北方南移居民的收容所,南迁的人民经过淮安,选择逗留,亦或者南迁,这可以看到东晋南朝时期的侨治州县。

　　淮泗地区因为介于南北之间,故当北方发生动乱,首站即为此地。故淮泗地区的楚州,人颇"劲悍轻剽",其人"尚气力、多勇悍","人习战争而贵诈伪",士子挟任节气,好尚宾游,盖楚之风[2]。这里可以看出楚州(淮安)人,勇猛善战,且士子好节气,有古之遗风。楚州往南一点的高邮,该地"俗厚而勤稼,好谈儒学"[3],可见楚州一地偏北好武,偏南好文,士人好儒。邻近的盱眙军则因地连洙泗,有东鲁之遗风[4],另外盱眙"尊儒慕学"[5]。

　　楚州辖有宜安县,然因历史事件,宜安更名为宝应至今。这次事件发生在肃宗宝应元年(762)4月壬子:

　　　　壬子,楚州刺史崔侁表称,有尼真如,恍惚登天,见上帝,赐以宝玉十三枚,云:"中国有灾,以此镇之。"羣臣表贺[6]。

四月甲寅,唐玄宗驾崩,丙辰命太子监国,甲子改元,丁卯肃宗驾崩,太子监国,戊辰发丧宣布遗诏,己巳太子即位为代宗[7]。从壬

① 《河山集》5,第 197 页。
② (宋)王象之:《舆地纪胜》,北京,中华书局,2003 年,卷 39,第 1643—1644 页。
③ (宋)祝穆,《方舆胜览》,北京,中华书局,2003 年,卷 46,第 827 页。
④ 《舆地纪胜》卷 44,第 1789 页。
⑤ 《方舆胜览》卷 47,第 840 页。
⑥ 《通鉴》卷 222,肃宗宝应元年(762),第 7241 页。
⑦ 《通鉴》卷 222,肃宗宝应元年(762),第 7241—7243 页。

子曰献宝到代宗已巳即位,仅隔了 17 天,在这中间还发生玄宗驾崩,李辅国杀张后,拥立唐代宗即位①。刘海波认为,楚州献宝为肃宗所授意的,而非代宗所为,目的是使李唐王室,能够在安史乱时,顺利完成皇位的移转②。然而本书并非要讨论这个过程,而是探讨结果,第一个结果楚州宜安县,因为献宝改成宝应县,第二个结果楚州献宝,因唐代宗曾为楚王,楚州升为上州。然整个代宗朝关于楚州,只有大历 3 年(768)发生许杲从濠州北上楚州劫掠一事③,从下图 2-1-1 许杲应是由濠州走淮水至楚州劫掠。许杲还会前往楚州劫掠,表明楚州地区的经济方面也是相当不错的。

图 2-1-1　濠州与楚州位置图

今以《万历淮安府志》的沿革为底本,做成表 2-1-1。

---

① 《通鉴》卷 222,肃宗宝应元年(762),第 7241—7243 页。
② 刘海波:《楚州献宝与改元宝应—唐肃代之际政治史探微》,《信阳师范学院学报》,第 38 卷第 3 期,第 126—128 页。
③ 《通鉴》卷 224,代宗大历 3 年(768),第 7205—7206 页。

表 2-1-1 楚州(淮安)沿革表①

	时间	内容	引自
A	鲁哀公9年	吴城邗沟以通江淮,淮北为齐,淮南为吴,吴亡为越。淮北小国有薛(邳)等国,淮南有邗	《左传》
B	秦	淮北→东海郡(海州)、泗水郡(邳、宿)、琅琊郡(沭、赣、睢)、薛郡	《史记》
C	汉	汉武帝,以淮北为琅琊、泗水、楚、鲁四国,东海、琅琊、沛三郡。淮南为广陵国、临淮郡	《汉书》
D	东汉	淮北→东海郡、鲁、下邳、琅琊、僮司吾五国,淮南→广陵郡、下邳国,治淮阴	
E	三国	淮南北→徐州,统广陵、治淮阴、琅琊、东莞(今宿迁)、东海东安(今海州)、下邳为南徐重郡。	
F	晋	淮南为广陵、安帝时立山阳郡,淮北为下邳国、东海郡、淮郡。	
G	刘宋	淮北为淮陵、下邳、沛国、兰陵、东海、淮阳、盱眙,淮南为广陵(治淮阴)、侨立青、冀二州于郁州	
H	萧齐	淮南→山阳郡,淮北→济阴郡、北海郡、北东海郡、东海琅琊二郡、青(海郁州)冀(治涡口)睢(治下邳)三州	《齐书》《通鉴》
I	梁	以淮南之山阳郡为重镇,淮北为南北二青州(治东海)、武初郡、南徐州、僮州(皆邳)	
J	陈	与梁同,淮北为安州	
K	元魏	淮南为山阳郡,北为徐州	

①(明)郭大纶《淮安府志》,万历元年(1573)刻本,卷1,版心第1—5页。

(续表)

	时间	内容	引自
L	东魏	淮南为淮州,北为义塘郡(海州)、青冀二州(郁州)、东楚州(邳、宿)	
M	北齐	以山阳县为怀恩县,北为晋陵(宿)、夏丘(睢)二郡	
N	后周	淮南为淮州,北为泗州(下邳),又有下邳郡	
O	隋	淮南为江都郡,淮北为钟离、彭城(睢)、下邳、东海四郡。(自三国自此三百年间,建重镇于淮阴)	
P	唐	淮南为楚州淮阴郡,属淮南道,淮北为徐州彭城郡(总邳)、海州东海郡、沂州琅琊郡(承)、泗水涟水郡(涟)	
Q	宋	淮南为楚州山阳郡(又为淮安州),淮北为海州东海郡,安东州、清河军、淮阳军,俱属淮南东路	
R	金	淮北之海、泗、唐、邳四州,所统邳、泗而已	
S	元	淮南为淮安路,淮北为海、宁、邳州	
T	明	淮南为淮安府,淮北为邳、海二州	

表2-1-1,A条取这年是因为邗沟的修筑,是楚州(淮安)的开始,邗沟修筑后,末口是本地最早的聚落。淮安现今轻轨就有一站为古末口站(图2-1-2),即是此地,旁边则为明清的河下古镇。关于末口的历史可以看到郦道元所做的注:

昔吴将伐齐,北霸中国,自广陵城东南筑邗城,城下掘深沟,谓之韩江,亦曰邗溟沟,自江东北通射阳湖。《地理志》所

图 2-1-2 古末口(许峻维自摄)

谓渠水也。西北至末口入淮①。

从郦道元的注,我们可以清楚地了解到邗沟又名邗溟沟,是春秋时期吴国为了讨伐齐国所修建,始于广陵东南的邗城,经射阳湖,自西北由末口进入淮河。末口就是整个楚州(淮安)开发的起点,肇因于它是邗沟的终点。

表 2-1-1,A 条吴修邗沟,筑城就是扬州城,以淮河为界,北为齐,南为吴。因此末口就是邗沟北的终点,也就是吴国与齐国,隔淮对峙的地点。B 条秦统一六国后,此地为东海郡的一部分。C 条汉代,本地为广陵国、临淮郡。D 条东汉时,本地为广陵郡、下邳国,治淮阴。淮阴其实自韩信封淮阴后,就于淮阴筑韩信城,这是自甘罗城后,淮阴第二次筑城,在本书后面会探讨到。西汉因

---

① 杨守敬,熊会贞:《水经注疏》,江苏:江苏古籍出版社,2001 年,卷 30,第 2555 页。

七国之乱,后设立山阳县①,开启了淮安称山阳的开始。

表2-1-1,E条三国时期淮安为徐州,此时徐州兼辖广陵(扬州)、淮阴。此地后属于魏,邓艾在淮安一带屯田,之后会探讨。F条东晋安帝时期,将山阳提升为郡,因为此时南北以淮河对峙,山阳(淮阴)重要性提升,是南方抵御北方的重镇。东晋南朝,除了刘宋与陈,前者获取淮北,以徐州为重镇,后者失去长江以北的土地,除这两个时期,剩下的时间,山阳(淮阴)都是重镇。

表2-1-1,G条是刘宋时期,因刘裕北伐故刘宋疆域北至淮河以北,故在淮北部分,刘宋掌握徐州附近的统治权,即G条的下邳、沛国、兰陵、东海、淮阳、盱眙,以及淮陵,淮陵属于徐州,元康7年(297)从临淮郡分出②。刘宋时为南徐州包含南沛、南下邳、广平、广陵、盱眙、钟离、海陵、山阳八郡,加上南沛、广陵、海陵、山阳、盱眙、钟离割属南兖,南下邳并南彭城,广平并南泰山,共17郡③。刘宋的南徐州,涵盖东晋徐州的领地,故表2-1-1G条的范围都囊括在内,淮南的广陵(治淮阴)、郁州皆是。

表2-1-1,H条淮南为山阳郡,因宋明帝失淮北,所以淮阴变成南方抵御北方的重镇,宋明帝泰始5年(469),以孟阳为"兖州刺史,始治淮阴④"。萧齐承袭以北兖州镇淮阴,寄于山阳境内⑤。故表2-1-1H条,淮南为山阳郡,淮北为济阴诸郡的侨治,并无实土,并于郁州(海州的郁州岛)设立青州侨治州,涡口、下邳等也设立侨治州。

---

① 《太平寰宇记》卷124,第2461页。西汉吴王濞谋反于广陵,山阳王率军拒之,为了旌忠所命名。
② (唐)房玄龄:《晋书》,北京:中华书局,2003年,卷15,《地理志》,第452页。
③ (梁)沈约:《宋书》,北京:中华书局,2008年,卷35,《地理志》,第1038页。
④ 《通鉴》卷132,宋明帝泰始5年(469),第4149页。
⑤ (梁)萧子显:《南齐书》,北京:中华书局,2011年,卷14,《地理志》,第257页。

　　表 2-1-1 的 I 条,梁以山阳为重镇,淮北诸侨治州在郁州岛与下邳两地,承袭萧齐格局,J 条陈失淮北,除了吴明彻北伐,短暂收复淮南一带,其余时期都只是侨治州。陈改梁东徐州为安州①,梁的东徐州为北魏的宿预(豫②)镇,此事发生在天监 8 年(508)"魏镇东参军成景儁斩宿预城主严仲宝,以城内属"③。陈的安州也可能指的是下邳,《隋书》:"下邳郡后魏置南徐州,梁改为东徐州,东魏又改曰东楚州,陈改为安州,后周改为泗州"④。故北魏、梁、东魏、陈、北州对于下邳的命名皆有所差异。

　　表 2-1-1K 条至 N 条,为北朝的设置。淮泗地区逐渐为北朝所掌握,北魏时淮南设立山阳,淮北设立徐州,北魏实质掌握淮北徐州一带,始于宋明帝失淮北时,薛安都以徐州降魏。淮南实际上,掌握在萧齐与萧梁之下。东魏时期,表 2-1-1L 条纪载东魏淮南为淮州,然《魏书》纪载淮州,为萧衍所置,魏因之,治淮阴城⑤。淮北为义塘郡跟青冀二州,就是海州(连云港)。义塘郡,在《魏书》属于南青州,管辖义塘、归义、怀仁三县⑥。《魏书》纪载,刘子业设立青州,东魏孝静帝武定 7 年(549)改为海州⑦。隋代海州即东海郡,在梁时为南北青州,东魏改为海州⑧。

　　2-1-1M,北齐改山阳为怀恩县,《隋书》有记载其沿革:

① (唐)姚思廉:《陈书》,北京:中华书局,2008 年,卷 5,《宣帝本纪》,第 88 页。
② (唐)姚思廉:《梁书》,北京:中华书局,2008 年,卷 2 做宿预,《通鉴》卷 147 做宿豫。
③ 《梁书》卷 2,《武帝本纪》,第 48 页。
④ (唐)魏征,《隋书》,北京:中华书局,2002 年,卷 31,《地理志》,第 872 页。
⑤ (北齐)魏收,《魏书》,北京:中华书局,2006 年,卷 106 中,《地形志》,第 2583 页。
⑥ 《魏书》卷 106 中,《地形志》,第 2550 页。
⑦ 《魏书》卷 106 中,《地形志》,第 2556 页。
⑧ 《隋书》卷 31,《地理志》,第 871 页。

　　　　山阳,旧置山阳郡,开皇初郡废。十二年置楚州,大业初
　　州废。有后魏淮阴郡,东魏改为淮州,后齐并鲁、富陵立怀恩
　　县,后周改曰寿张,又侨立东平郡。开皇元年改郡为淮阴,并
　　立楚州,寻废郡,更改县曰淮阴。大业初州废,县并入焉①。

山阳县短暂改为怀恩县,后改为寿张,东魏属于淮州,隋代更名为
楚州,属于江都郡②。淮南如此,淮北自东魏至隋,大致包括下邳、
宿豫、睢阳、海州(东海)一带。表 2-1-1,O 条记载魏晋至隋,三
百年间,重镇都设立于淮阴(楚州),足见这淮阴是南北必争的重
镇,也是南方抵御北方的要害。

　　表 2-1-1,P 条为唐代:淮南为楚州淮阴郡,属淮南道,淮北
为徐州彭城郡(总邳)、海州东海郡、沂州琅琊郡(承),泗水涟水郡
(涟)。此时 P 条范围与隋代有所重叠。本书所称的淮泗地区,就
是指唐代的楚州、泗州、徐州、海州,也就是表 2-1-1,P 条所载
区域。

　　表 2-1-1,Q 条讲到楚州山阳郡,又为淮安州,这是楚州改
名淮安事件。肇因于南宋李全的叛乱,将楚州降格为淮安军:

　　　　朝廷以淮乱相仍,遣帅必毙,莫肯往来。始欲轻淮而重
　　江,楚州不复建阃,就以帅杨绍云兼制置,改楚州名淮安军,
　　命通判张国明权守,视之若羁縻州然③。

文中的淮乱相仍,指的就是李全之乱,然南宋的政策,轻淮重江,

---

① 《隋书》卷31,《地理志》,第873页。
② 《隋书》卷31,《地理志》,第873页。
③ 《宋史》卷477,《叛臣下·李全下》,第13837页。

将楚州改名为淮安。笔者以为，此次更名，造成了淮安名气的中断，邻近的扬州与徐州，自古沿袭旧名，然楚州更名淮安，名气就须重新累积，反不如扬州、徐州沿用旧名来的有名气。淮安的名声的振兴，要等到明清因漕运而再度兴起。今人仅知明清淮安，而忘唐宋楚州，这也是本书撰写的目的。

金、元、明，表2-1-1，R金仅有淮北，淮南为南宋所有，故淮北为海州、泗州、邓州、唐州，实际上仅控制下邳与泗州两地。元代，淮南沿袭南宋为淮安路，自此元明清三代都称楚州为淮安，即今日的淮安市。楚州在今日，短暂成为区的名称，公元2012年淮安市楚州区改成淮安市淮安区。楚州这名字仅剩当地人会使用称呼，正式消逝于历史之中。元代，淮北为海宁州①与邓州，海宁州隶属于淮安路，明代将海宁州恢复为海州、与邓州并称。

淮泗地区最重要的就是"水"的影响。因此我们从《水经注》出发，来探讨淮阴地区的水路运输。《水经注》卷30的淮水（河）提到：

> 淮水出南阳平氏县胎簪山，东北过桐柏山，东过江夏平春县北，又东过新息县南，又东过期思县北，又东过原鹿县南，汝水从西北来注之。又东过庐江安丰县东北，决水从北来注之。又东北至九江寿春县西，沘水、泄水合北注之。又东，颍水从西北来流注之。又东过寿春县北，肥水从县东北流注之。又东过当涂县北，涡水从西北来注之。又东过钟离县北，又东北至下邳淮阴县西，泗水从西北来流注之。又东

---

① 《元史》卷59，《地理志》，第1416页。"海宁州，下。唐海州。宋隶淮〔南〕东路。元至元十五年，升为海州路总管府，复改为海宁府，未几降为州，隶淮安路"。

过淮阴县北,中渎水出白马湖,东北注之。又东,两小水流注之。又东至广陵淮浦县,入于海[1]。

从水经本书可以得知,淮水出于南阳的胎簪山,历经原鹿县时汝水流入,在历经很多河流流入后,在下邳的淮阴县与泗水河流,至此以降的部分就是本书提到的淮泗地区。淮河东过淮阴县北然后又于中渎水合流,最后在广陵入海。

郦道元做注提到"淮水又东历客山,径盱眙县故城南[2]",这个客山就是盱眙山,淮水在流经盱眙山经县故城南而后继续前行。在"又东北至下邳淮阴县西,泗水从西北来流注之。[3]"做注"淮、泗之会,即角城也。左右两川,翼夹二水,决入之所,所谓泗口也。[4]"淮水与泗水交汇的地方是角城,这是淮阴县西的角城,根据杨守敬的说法在今天清河县南[5]。这个角城形势尤为重要,关于担任过角城戍主的有李安民、萧道成、萧衍[6],足见此地的重要性。泗口又名淮口、清口、淮泗口,在今日清河县西北[7]。

郦道元在"又东过淮阴县北,出白马湖,东北注之"下做注:

淮水右岸即淮阴也,城西二里有公路浦,昔袁术向九江,将东奔袁谭,路出斯浦,因以为名焉。又东径淮阴县故城北,北临淮水,汉高帝六年,封韩信为侯国,王莽之嘉信也。昔韩

---

① 《水经注疏》卷 30,第 2493—2570 页。水经正文部分。
② 《水经注疏》卷 30,第 2551 页。
③ 《水经注疏》卷 30,第 2552 页。
④ 《水经注疏》卷 30,第 2552—2553 页。
⑤ 《水经注疏》卷 30,第 2552 页。
⑥ 《水经注疏》卷 30,第 2552 页。
⑦ 《水经注疏》卷 30,第 2553 页。

信去下乡而钓于此处也。城东有两冢,西者即漂母冢也。周回数百步,高十余丈,昔漂母食信于淮阴,信王下邳,盖投金增陵以报母矣。东一陵即信母冢也。县有中渎水,首受江于广陵郡之江都县,县城临江①。

在前文我们曾提到,邗沟自广陵邗城经射阳湖到末口。在这边是"又东过淮阴县北,中渎水出白马湖,东北注之"中"渎水"就是邗沟,然后流经白马湖。郦道元的注说明了这个地方就是淮水右岸的淮阴,并讲了其上有因袁术而得名的公路浦,还有淮阴故城、韩信母墓、漂母墓。笔者实地走访了上述三地,淮阴故城附近还有韩信城(图)。下图的立碑的下方就是韩信城遗址,然现今只剩此地旁边的护城河遗址可看。

图 2-1-3　韩信城(许峻维自摄)

① 《水经注疏》卷 30,第 2555 页。

关于韩母墓,如图,在韩信城附近,位于大马路的侧边。漂母墓本来在韩母墓附近,然后来漂母墓迁移到了漂母祠,如下图。现在我们可以在漂母祠凭吊漂母,并且祠内有记载韩信跟漂母的故事。关于韩信城、韩信母墓、漂母墓的史料于图后进行探讨。

图2-1-4　韩母墓(许峻维自摄)

图2-1-5　漂母墓(许峻维自摄)

"韩信城,信本此县人,其家宅处所并存。后受为侯,因筑此城。[①]"从史料上来看韩信城是在韩信家宅的基础上所盖,这也解答了笔者去现场调研的时候,观察到此城不大的原因。除了韩信城外,又有韩王庄,"在淮阴故城西北,信家宅皆在焉[②]",所以韩信的坟墓也在韩信城附近。另有甘罗城(下图2-1-6),为甘罗所筑,在淮阴故城北一里[③]。现今的甘罗城周边为一块空地,在空地上会捡到一些古陶片,下图为春秋时期的陶片。

图2-1-6　甘罗城(许峻维自摄)　图2-1-7　甘罗城碑后说明(许峻维自摄)

图2-1-8　陶片1(许峻维自摄)　图2-1-9　陶片2(许峻维自摄)

① 《太平寰宇记》卷124,第2463页。
② (清)顾祖禹:《读史方舆纪要》,北京:中华书局,2006年,卷22,第1075页。
③ 《读史方舆纪要》卷22,第1075页。

　　淮泗地区先谈到，淮阴的重要性在于"北控齐鲁，南蔽江淮"①，同时淮阴地区"阻淮凭海，控制山东"，南北有事，则以为重镇②。顾祖禹注意到了淮阴地区位置的重要性，所以整理抄录了自春秋到清代，关于淮阴地区的资料。我们按图索骥，回头检索原典。淮阴始于夫差修邗沟至末口，邗沟是今天的扬州地区，而末口则是今天的淮安地区。曹丕亲率大军南征孙吴，7 月自许昌出发，8 月率水军乘龙舟，沿着蔡颍，渡过淮河抵达寿春，又自寿春沿淮河而下，经邗沟抵达广陵③，当时的广陵包含淮阴地区，即今天的淮扬一带。

　　《万历淮安府志》，在形胜篇说到淮安：

　　　　淮盖江北大都，会云二城雄峙，辅车相依。跨淮南北，沃野千里，淮泗环带于西北，湖海设险于东南，左襟吴越，右引汝、汴，水陆交通，舟车辐辏。昔之献策，垂吴者，屯以足食，誓清中原者，屯以铸兵，所谓中国得之，可制江表，江表得之，足患中国者，况盐安濒大海，则维扬之藩屏也。沭赣枕沂沭，则齐鲁之门户也。海州东望无际，乃秦皇立石处，高丽、百济、日本诸国，风帆可达。孤屿绝岛，环列后先，东西二城，足备守御清口。桃源、宿迁、睢宁，皆近下邳。下邳近彭城。彭城，唐晋以来，英雄必争之地，此淮之大棨也④。

陈文烛在淮安知府任上，将淮安的重要性整理写成了这段文字。

---

① （明）李贤：《明一统志》，四库全书，卷 13，引《海州图志》。
② 《读史方舆纪要》卷 22，第 1071—1072 页。
③ 《通鉴》卷 70，魏文帝黄初 5 年（220），第 2264 页。
④ 《万历淮安府志》卷 3，版心第 3—4 页。

淮安,最早称为淮阴,而后为山阳,隋唐宋为楚州,南宋被降格为淮安军,而后元明清为淮安府,至今为淮安市,这里先简单提一下。淮安这地方,在明代有新旧两座州城,所以辅车相依。淮安附近土壤肥沃,沃野千里。西北有淮河、泗水流经,东南有洪泽湖、白马湖,既为屏障,也为交通要道,更是水产的提供者。淮安的位置,左襟吴越,右引汝、汴,紧邻着吴越地区,往北借由汝水、汴水可以沟通中原,这也是唐代通济渠的所在。

不同的政权获得淮安,有不同的益处。割据政权得之,可以获得充沛的粮食,立志北伐的南方政权获得,可以获得勇敢的士兵,凭借以北伐。统一的政权获得,可以控制江南地区,但江南地区得之,则分裂中国。淮安又是南方扬州的屏障,交通上,东可达日韩,北可控制山东,西边的桃源、宿迁、睢宁,地近下邳,者又可凭借下邳控制徐州的彭城。故这块区域,也就是本书所提及的淮泗地区,地理形胜相当重要,陈文烛的归纳,较其后的顾祖禹更为贴切,故本书引用之。

淮泗地区,在东晋时期,祖逖北伐屯于淮阴[1],铸造兵器招兵买马后北上。东晋元帝以刘槐为镇北将军、都督青、徐、幽、平四州诸军事,青州刺史,镇淮阴[2]。北兖州,镇淮阴。地理志云淮阴县属临淮郡,郡国志属下邳国,晋太康地记属广陵郡。穆帝永和中,北中郎将荀羡北讨鲜卑,云"淮阴旧镇,地形都要,水陆交通,易以观衅。沃野有开殖之利,方舟运漕,无他屯阻"。乃营立城池。宋泰始二年失淮北,于此立州镇。建元四年,移镇盱眙,仍领

---

[1]《晋书》卷 62,《祖逖传》,第 1695,1702 页。本传做江阴,然考订 15 引了《建康实录》与《通鉴》等书,认为应更正为淮阴。

[2]《晋书》卷 6,《元帝本纪》,第 154 页。

盱眙郡。旧北对清泗,临淮守险,有平阳石鳖①

太元三年苻坚进攻东晋,遣将军俱难率兵寇淮阴、盱眙。② 顾祖禹认为:"盖淮阴去丹阳四百里而近,北对青、泗,则转输易通;南出江津,则风帆易达。縣淮入江,此其必争之道矣③。"淮阴对北方有转输易通,对江南有风帆易达,故为交通要地。关于山阳,临淮守险,有平阳石鳖,田稻丰饶④。北魏高闾谓:"寿阳、盱眙、淮阴,为淮南之本原,岂不信哉?",唐李邕曰:"淮阴者,江海通津,淮楚之巨防也。"所以我们可以看到,淮阴地区,即山阳、淮阴一带,在魏晋南北朝隋唐时期,交通地位十分重要,因为又有平阳石鳖,所以盛产稻米。

桓温第三次北伐,因秋冬水少,弃舟,"自陆道奔还",在襄邑(今河南睢县),被前燕军队伏击大败,十月己巳,桓温收散卒,屯于山阳(淮安)⑤。桓温北伐是以舟船沿河北进,最终因秋冬水少,不利行船,焚舟步行撤回,然襄邑位于汴水边上,笔者以为桓温兵败后,还是沿着汴水南撤至山阳,故最终屯于山阳,因山阳北有淮河之险,南有邗沟可以以舟船获得南方的补给。

淮泗地区的盱眙,经历北魏太武帝南征至瓜布(今南京六合区)一事。北魏太武帝南征与北还,都与臧质交战,特别是北还,太武帝向臧质求酒,臧质封尿以还,因而引发太武帝怒攻盱眙:

> 二十八年正月初,焘自广陵北返,便悉力攻盱眙,就质求酒,质封溲便与之。焘怒甚,筑长围,一夜便合,开攻道,趣城

① 《南齐书》卷14,《州郡上》,第257页。
② 《晋书》卷113,《苻坚传》第2900页。
③ 《读史方舆纪要》卷22,第1071—1072页。
④ 《南齐书》卷14,《州郡上》,第257页。
⑤ 《通鉴》卷102,海西公太和4年(369),第3217—3218页。

东北,运东山土石填之。虏又恐城内水路遁走,乃引大船,欲于君山作浮桥,以绝淮道。城内乘舰逆战,大破之。明旦,贼更方舫为桁,桁上各严兵自卫。城内更击不能禁,遂于君山立桁,水陆路并断①。

北魏太武帝怒攻盱眙不克,而后退回北方,盱眙因为有泗水为险,成功抵御此次入侵。

淮泗地区的楚州(淮安)自五代至清,这边我们直接征引顾祖禹的数据,为表2-1-1:

表2-1-1　名臣评论淮阴表②

A	其后杨吴据有淮南,以山阳、清口为门户,遂能挫朱温之锋。及山阳入于后周,而南唐之烽火近在江滨矣。宋人南迁,以江淮立国,于是山阳之势益重。
B	吴表臣曰:"山阳控扼之地,失之则无以屏蔽淮东。"
C	徐宗偃曰:"山阳南北必争之地也。我得之,可以进取山东;敌若得之,淮南不能以朝夕固矣。"
D	陈敏曰:"南北襟喉也,长淮二千余里,河道通北方者凡五,曰颍、曰蔡、曰涡、曰汴、曰泗,而通南方以入江者,惟楚州运河一处。周世宗自北神堰凿老鹳河,通战舰入大江,唐之淮南,不可复保,此前车也。"是故韩世忠尝保山阳以拒方张之寇,陈亮曰:"世忠顿兵八万于山阳,如老熊之当道,而淮东得以安寝,此守淮之要法也。"锜议塞清口,以阻逆亮之师,绍兴三十一年,金亮南侵,刘锜镇楚州,凿敌舟沉清口,敌之舟师不能越也。会淮西丧败,锜孤军不能独立,又病甚不能治军,乃引而南,敌势遂益张。

---

① 《宋书》卷74,第1912页。

② 《读史方舆纪要》卷22,第1071—1072页。

（续表）

E	及蒙古侵陵,叛臣刘整亦劝其从事于清口、桃源,为进取之计。岂非地利不可或忽乎?"元董搏霄曰:"淮安南北嗓喉,江浙冲要,其地一失,两淮皆未易保。"
F	今岁漕数百万,咸取道于淮安,哽咽或生,则京师有立槁之虑,故特设重臣,置屯军以经略之。然则南北安危所系,岂不以淮安哉?

以上表 2 - 1 - 1 A 至 F 条为顾祖禹总结五代至清,所归纳的淮阴评价。从数据 A 来看,五代时期,因为南方的杨行密取得淮阴,所以得已有门户抵抗北方的朱温。后周得到淮阴地区,而有了统一南方的钥匙;靖康之乱后,南宋凭借淮阴地区抵御北方的金兵,得保半壁江山。所以淮阴地区,北方得之,则统一,南方得之,则分裂,故笔者以为此地极为重要,因而有这本论文的写成。

关于资料 A 中,杨行密取得淮阴的这场战役,《通鉴》有具体描述:

（冬,十月）杨行密与朱瑾将兵三万拒汴军于楚州,别将张训自涟水引兵会之,行密以为前锋。庞师古营于清口,或曰:"营地污下,不可久处。"不听。师古恃众轻敌,居常弈棋。朱瑾壅淮上流,欲灌之;或以告师古,师古以为惑众,斩之。十一月,癸酉,瑾与淮南将侯瓒将五千骑潜渡淮,用汴人旗帜,自北来趣其中军,张训踰栅而入;士卒苍黄拒战,淮水大至,汴军骇乱。行密引大军济淮,与瑾等夹攻之,汴军大败,斩师古及将士首万余级,余众皆溃。葛从周营于寿州西北,寿州团练使朱延寿击破之,退屯濠州,闻师古败,奔还。行密、瑾、延寿乘胜追之,及于淠水。从周半济,淮南兵击之,杀溺殆尽，从周走免。遇后都指挥使牛存节弃马步斗，诸军稍得济淮，凡四日不食，会大雪，汴卒缘道冻馁死，还者不满千人；全忠闻败，亦奔还。行密遗全忠书曰："庞师古、葛从周，非敌也，公宜自来淮上决战。"

行密大会诸将，谓行军副使李承嗣曰："吾欲先趣寿州，副使云不如先向清口。师古败，从周自走，今果如所料。"赏之钱万缗，表承嗣领镇海节度使。行密待承嗣及史俨甚厚，第舍、姬妾，咸选其尤者赐之，故二人为行密尽力，屡立功，竟卒于淮南。行密由是遂保据江、淮之间，全忠不能与之争①。

这场战争的结果是杨行密大胜，杨行密胜利的原因，这里补充一下，李承嗣跟史俨本为河东李克用的部将，因兖州为朱温所夺，被迫转投杨行密，淮南军本只善于水战，得两人之力及其旧部，得以有骑射的战力②。在淮阴的这场战斗，李、史二人亦有所贡献，加上杨行密的笼络，得以在淮南军终老，杨行密也逐渐据保江淮之地。庞师古失去淮阴，使朱温失去南下占据江南的机会，杨行密得淮阴，而后割据，直至后周柴荣收复该地，北方才又有在统一江南的机会，这已经过了 61 年③。然这 61 年的淮南军统治淮阴地区期间，造成了该地民心向着淮南军，后柴荣为收复该地，与南唐楚州防御史张彦卿，展开激战，最终柴荣愤而屠城的根本，始于庞师古之败。

关于柴荣收复楚州与淮北地区，可参见表 2-1-2：

① 《通鉴》卷 261，昭宗干宁 4 年(897)，第 8510—8511 页。
② 《通鉴》卷 261，昭宗干宁 4 年(897)，第 8501 页。
③ 唐昭宗昭宗干宁 4 年(897)杨行密的淮南军取得淮阴地区，至后周世宗显德 5 年(958)，柴荣收复楚州，重新取的该地区，中间经过 61 年。

表 2-1-2　柴荣收复淮北表①

甲	(春,正月)丁亥1/4,右龙武将军王汉璋奏克海州。
乙	己丑1/7②,以侍卫马军都指挥使韩令坤权扬州军府事。 上欲引战舰自淮入江,阻北神堰,不得渡;欲凿楚州西北鹳水以通其道,遣使行视,还言地形不便,计功甚多。上自往视之,授以规画,发楚州民夫浚之,旬日而成,用功甚省。巨舰百艘皆达于江,唐人大惊,以为神。
丙	壬辰1/10,拔静海军,始通吴越之路。先是帝遣左谏议大夫长安尹日就等使吴越,语之曰:"卿今去虽泛海,比还,淮南已平,当陆归耳。"已而果然。
丁	周兵攻楚州,踰四旬,唐楚州防御使张彦卿固守不下。乙巳1/23,帝自督诸攻之,宿于城下,丁未1/25,克之。彦卿与都监郑昭业犹帅众拒战,矢刃皆尽,彦卿举绳床以鬭而死,所部千余人,至死无一人降者。
戊	(二月)戊午,帝发楚州。丁卯,至扬州,命韩令坤发丁夫万余,筑故城之东南隅为小城以治之。
己	三月,壬午朔,帝如泰州。
庚	辛卯,上如迎銮镇,屡至江口,遣水军击唐兵,破之。上闻唐战舰数百艘泊东布州,将趣海口扼苏、杭路,遣殿前都虞候慕容延钊将步骑,右神武统军宋延渥将水军,循江而下。甲午,延钊奏大破唐兵于东布州。上遣李重进将兵趣庐州
辛	唐主复遣刘承遇奉表称唐国主,请献江北四州,岁输贡物十万。于是江北悉平,得州十四,县六十。
壬	壬寅,上自迎銮复如扬州。
癸	是月,浚汴口,导河流达于淮,于是江、淮舟楫始通。
癸1	夏,四月,乙卯,帝自扬州北还

---

① 《通鉴》卷294,后周世宗显德5年(958),第9577—9582页。
② 以正月癸未朔为1/1推之,这边在楚州收复前,皆标上日期。

　　从表2-1-2我们可以看到这是发生在后周世宗显德5年
(958)正月至四月之事。柴荣自显德4年(957)2月自大梁出
兵[1]，至来年4月，取淮北总共花了一年多的时间。

　　从甲可知，海州的收复代表着后周军已经把淮河以北攻陷，
并进入了淮河。乙显示柴荣打算打通北神堰，也就是疏通末口，
打开邗沟从楚州到扬州的这段，居然受困于水量不足，因为一月
是枯水期，故柴荣以楚州西北的鹳水，灌入北神堰，后周水师得以
从邗沟进入长江。柴荣征调楚州民夫10日，就完成引水入北神
堰，想必鹳水离楚州城并不远。丙显示后周收静海军取得通往吴
越的道路，丁显示后周军在柴荣统领下，与南唐张彦卿，展开激
战，双方苦战40天。

　　关于此役，《旧五代史》资料略多，然陆游《南唐书》却记载的
巨细靡遗：

　　　　显德五年春正月癸未朔(1/1)，帝在楚州城下，从臣诣行
　　宫称贺。乙酉(1/3)，降同州为郡。右骁卫将军王环卒。丙
　　戌(1/4)，右龙武将军王汉璋奏，攻(下)[142]海州……己丑(1/
　　7)，诏侍卫马军都指挥使韩令坤权知扬州军府事。庚寅(1/
　　8)，发楚州管内丁壮，开鹳河以通运路。乙巳(1/23)，帝亲攻
　　楚州。时今上在楚州城北，昼夜不解甲胄，亲冒矢石，麾兵以
　　登城。丙午(1/24)，拔之，斩伪守将张彦卿等，六军大掠，城
　　内军民死者万余人，庐舍焚之殆尽[2]。

　　　　陆游《南唐书·张彦卿传》云：保大末，周世宗南侵，彦卿

---

[1]　《通鉴》卷293，后周世宗显德4年(957)，第9564页。
[2]　陈尚君辑校：《旧五代史新辑会证》卷118，上海：复旦大学出版社，2005年，第
　　3667—3671页。

为楚州防御使。周师锐甚，旬日间，海、泰州、静海军皆破，元宗亦命焚东都宫寺民庐，徙其民渡江。世宗亲御旗鼓攻楚州，自城以外皆已下，发州民浚老鹳河，遣齐云战舰数百，自淮入江，势如震霆烈焰。彦卿独不为动。及梯冲临城，凿城为窟室，实薪而焚之，城皆摧圮，遂陷。彦卿犹结阵城内，誓死奋击，谓之巷斗。日暮，转至州廨，长短兵皆尽，彦卿犹取绳床搏战，及兵马都监郑昭业等千余人皆死之，无一人生降者。周兵死伤亦甚众，世宗怒，尽屠城中居民，焚其室庐，然得彦卿子光佑不杀也。又，赵鼎臣《竹隐畸士集》云：当城中之危也，彦卿方与诸将立城上，(子)因泣谏以周、唐强弱，势不足以相支，又城危甚，而外无一人援，恐旦夕徒死无益，劝彦卿趣降。彦卿领之，因顾诸将指曰："视彼！"诸将方回顾，彦卿则抽剑断其子首，掷诸地，慷慨泣谓诸将曰："此彦卿子，劝彦卿降周，彦卿受李家厚恩，谊不降，此城吾死所也。诸军欲降任降，第勿劝我，劝我者同此子矣。"于是诸将愕眙亦泣，莫敢言降[1]。

在前段数据中，柴荣 1/1 抵达楚州城下，这时后周军已经进攻楚州十几天了，1/8 开始以鹳河水灌北神堰，然后 1/23 柴荣亲自进攻，于一天后攻陷楚州。因为苦战四旬，故六军大掠，城内军民死伤万余，房舍皆毁，张彦卿被斩。然陆游《南唐书·张彦卿传》的资料相对来说就比较详细。《南唐书·张彦卿传》提到柴荣疏通北神堰之后，船舰自淮河入长江，这边补充一下，楚州北以淮河为

---

[1] 陈尚君辑校：《旧五代史新辑会证》卷 118，上海：复旦大学出版社，2005 年，第 3667—3671 页。

天险,所以杨万里在《登楚州城望淮河》提及:"一条玉带界天横①"。这时候楚州城北都是后周的水军,沿着邗沟进入长江,故陆游描述势如震霆烈焰,张彦卿不为所动。

　　然楚州的城墙,因"凿城为窟室,实薪而焚之,城皆摧圮,遂陷",这时候张彦卿犹巷战不止,最终举绳床应战,绳床是椅子,楚州防御使必须要举着椅子迎击敌人,这代表其一楚州已经弹尽援绝,连武器都没了,其二代表着战况紧急,张彦卿仓促间只得举椅子应战。赵鼎臣《竹隐畸士集》描述到张彦卿之子,因劝其父投降,被斩杀一事,然此事与《南唐书·张彦卿传》矛盾,且陈尚君在检视《竹隐畸士集》一书,并未发现有这一段文字。然此文字被补注在《旧五代史》应为凸显张彦卿的不屈与坚持战斗到底的精神。张彦卿与楚州军民保卫家国的决心,是不可忽略的,然不能以成败论英雄,亦不可嘲笑其螳臂当车,张彦卿等人受杨吴与南唐治理六十一年,因而不忘家国,坚持到底。我们亦不可因为海州等地轻易被攻克,而讥笑其无风骨,毕竟在战乱中,生存不易,张彦卿等人与海州等人,都是时代下的悲剧。

　　从表2-1-1的戊条到癸1条为柴荣抵达扬州,迫使南唐献江表以降的事情,里面最值得注意的是资料癸,导黄河入汴口,这条配上数据乙,运河得以打通,此后可以从南方以水运,经长江、邗沟、通济渠,将南方物资输送至开封。

　　回到表2-1-1B条南宋时吴表臣曰:"山阳控扼之地,失之则无以屏蔽淮东。"淮东为宋的淮南东路,包含"南渡后,州九:扬、楚、海、泰、泗、滁、淮安、真、通,军四:高邮、招信、淮安、清河②。"数

---

① 辛更儒校笺:《杨万里集校笺》卷27,北京:中华书局,2007年,第1401页。
② 《宋史》卷88,《地理志》,第2178页。

据 B 应该出自《宋史》："表臣请措置上流以张形势，安辑淮甸以立藩蔽，择民兵以守险阻，集海舶以备不虞。其策多见用①。"为顾祖禹所总结。表 2-1-1 C 条徐宗偃提到了，楚州山阳为南北必争之地，南方得之可以进去进取山东，北方得之则淮南危矣。

表 2-1-1 D 条为顾祖禹引自《宋史·陈敏传》所言，查该传：

> 言事者议欲戍守清河口，(陈)敏言："金兵每出清河，必遣人马先自上流潜渡，今欲必守其地，宜先修楚州城池，盖楚州为南北襟喉，彼此必争之地。长淮二千余里，河道通北方者五，清、汴、涡、颍、蔡是也；通南方以入江者，惟楚州运河耳。北人舟舰自五河而下，将谋渡江，非得楚州运河，无缘自达。昔周世宗自楚州北神堰凿老鹳河，通战舰以入大江，南唐遂失两淮之地。由此言之，楚州实为南朝司命，愿朝廷留意。"及是，再出守高邮，乃诏与楚州守臣左佑同城楚州，佑卒，遂移守楚州。北使过者观其雉堞坚新，号"银铸城"②。

陈敏所言，楚州为南北襟喉、南朝司命。陈敏经营楚州城墙，使其雉堞坚新，因而获得银铸城之名，然楚州的城墙现今却已经看不到了，只能凭借故纸堆而思忆之。银铸城顾名思义，城池兼顾，然毕再遇也提到，"楚城坚、兵多"③，足以显示楚州的防卫能力。顾建国关注到楚州（淮安）城墙的修建有三个时期，第一个时期为东晋至唐的修筑；第二时期是南宋银铸城到元末的淮安新城；第三

---

① 《宋史》卷 381，《吴表臣传》，第 11731—11732 页。
② 《宋史》卷 402，《陈敏传》，第 12183 页。
③ 《宋史》卷 402，《毕再遇传》，第 12186 页。

阶段是明清的改造与扩建①。笔者以为城池的修筑反映着楚州的重要性，因为不重要何须多次修筑与扩建。另外的可能是因为多次战火摧残，被迫重建，以楚州(淮安)的位置，极有可能。

资料 D 后半为韩世忠凭借楚州山阳城来抵御金兵入侵，前文提及陈敏修整过楚州城墙，使其得银铸城之称，配合淮河，来防守，陈亮称赞韩世忠如"老熊当道，深得守淮之法"。老熊当道出自《周书·王罴②》，沙苑之战高欢进攻王罴，王罴呛高欢曰："老罴当道卧，狟子安得过！"，后成功抵御高欢③。这边陈亮借王罴故事来称赞韩世忠。《宋史·韩世忠》对于其守楚州有详细描述：

> 六年，授武宁安化军节度使、京东淮东路宣抚处置使，置司楚州。世忠披草莱，立军府，与士同力役。夫人梁亲织薄为屋。将士有怯战者，世忠遗以巾帼，设乐大宴，俾妇人妆以耻之，故人人奋厉。抚集流散，通商惠工，山阳遂为重镇。刘豫兵数入寇，辄为世忠所败④。
>
> 时张浚以右相视师，命世忠自承、楚图淮阳。刘豫方聚兵淮阳，世忠即引军渡淮，旁符离而北，至其城下。为贼所围，奋戈一跃，溃围而出，不遗一镞。呼延通与金将牙合孛堇搏战，扼其吭而禽之，乘锐掩击，金人败去。既而围淮阳，贼坚守不下，约曰："受围一日，则举一烽。"至是，六烽具举，兀术与刘猊皆至。世忠求援于张俊，俊以世忠有见吞意，不从。

---

① 顾建国主编：《江苏地方文化史-淮安卷》，南京：江苏人民出版社，2019 年，第 116 页。

② 音同"皮"。

③ 《周书》卷 18，《王罴传》，第 292 页。

④ 《宋史》卷 364，《韩世忠传》，第 11364—11365 页。

世忠勒阵向敌，遣人语之曰："锦衣骢马立阵前者，韩相公也。"或危之，世忠曰："不如是，不足以致敌。"敌果至，杀其导战二人，遂引去。寻诏班师，复归楚州，淮阳之民，从而归者以万计。

前段引文，韩世忠与夫人梁氏（世人相传的梁红玉）胼手胝足经营楚州，楚州山阳城经营城重镇，除了韩世忠与士同力役，梁氏织薄为屋外，为了砥砺士气，对于怯懦不敢战的士兵，还送以女装激励，同时通商惠工，因而成功击败伪帝刘豫的入侵。淮阳在淮河以北，即楚州以北，以徐州下邳县建为淮阳军[①]。后段引文为韩世忠受张浚之命，自楚州出征淮阳军，胜利后，带着淮阳军的百姓万人，返回楚州。这代表南宋可以凭借楚州进攻，进行攻势防守，同时能够掠夺人口以充实楚州。韩世忠的经营，符合了陈亮的称赞。楚州（现今淮安）常吃的蒲儿菜，相传也与梁红玉有关，即梁氏织薄为屋这一时期，因发现月湖蒲儿菜可食，梁红玉起了带头作用，淮安至今每逢季节必吃蒲菜，此亦为淮扬名菜之一。

表 2-1-1 D 条最后为金主亮南侵南宋，刘锜镇守楚州，凿穿敌船于清口，然而因为受淮西战败影响，刘锜带病引军南下。《宋史·刘锜传》提及"以兵驻清河口，金人以毡裹船载粮而来，锜使善没者凿沉其舟。[②]"刘锜利用楚州清口来阻止金兵南下，最终未能阻挡，后才有虞允文采石矶大捷。表 2-1-1 E 条为蒙古南侵，元将董搏霄注意到淮安"南北噤喉，江浙冲要"，该地不守，两淮不保。表 2-1-1 F 条，为明清时期，淮安反而因为每年有数百万漕

---

① 《宋史》卷 85，《地理志》，第 2109 页。

② 《宋史》卷 366，《刘锜传》，第 11407 页。

运经过，成为重要的转运重镇。小结一下楚州（淮安）的重要性，笔者以为是分裂时代的关键，南方得之割据，北方得之统一，然后到了和平时代，反而成为转运重镇，继扬州往北的第二重镇，清代漕运总督府就设在淮安。

除了张彦卿以外，南宋赵立也是一个死守楚州的悍将。楚州身为宋金的前线，地位虽重，但居民牺牲颇大，根据书《霁堂先生文集》后的记载：

　　吾郡自南宋金人乱后，地为重镇，而居民渐稀。元兴，生机未复，寻遭张士诚蹂躏，相传存者仅七家①。

楚州（淮安），自宋金之乱之后，到元代都没有恢复繁荣，居民日渐减少，这是因为前段时期为宋金对峙时期，身为前线，自然饱受战火摧残。前文也提到韩世忠与梁红玉镇守楚州期间，也是惨淡经营。经宋至明的家族，只有七家，其中一家为陈师濂的家族，另一家则为杨庆之的家族。除了战争的影响外，楚州本地人，骁勇善战，抗战意志极为坚强，在南唐张彦卿守楚州之时，已经看到了。然赵立守楚州时期，楚州人更是可歌可泣，虽保家卫国失败，但不可遮掩住，楚州百姓的血性与壮烈牺牲。

这边使用的文本为《宋史·忠义传》中的赵立传②：

　　赵立，徐州张益村人。以敢勇隶兵籍……时山东诸郡荟

---

① 山阳志筹印委会：《山阳艺文志》，台北：山阳志筹印委会，1981 年。杨庆之，借着再版《霁堂先生（陈师濂）文集》时，将该文书于文集之后，为《山阳艺文志》所收录。
② 《宋史》卷 448，《忠义传》，第 13213—13216 页。

为盗区，立介居其间，威名流闻。累迁右武大夫、忠州刺史。会金左将军昌围楚州急，通守贾敦诗欲以城降，宣抚使杜充命立将所部兵往赴之。且战且行，连七战胜而后能达楚。两颊中流矢，不能言，以手指麾，既入城休士，而后拔镞。诏以立守楚州。明年正月，金人攻城，立命撤废屋，城下然火池，壮士持长矛以待。金人登城，钩取投火中。金人选死士突入，又搏杀之，乃稍引退。五月，兀术北归，筑高台六合，以辎重假道于楚，立斩其使。兀术怒，乃设南北两屯，绝楚饷道，立引兵出战，大破之。

会朝廷分镇，以立为徐州观察使、泗州涟水军镇抚使兼知楚州。立一日拥六骑出城，呼曰："我镇抚也，可来接战。"有两骑将袭其背，立奋二矛刺之，俱堕地，夺两马而还。众数十追其后，立嗔目大呼，人马皆辟易。明日，金人列三队邀战，立为三阵应之，金人以铁骑数百横分其阵而围之，立奋身突围，持棁左右大呼，金人落马者不知数。承、楚间有樊梁、新开、白马三湖，贼张敌万窟穴其间，立绝不与通，故楚粮道愈梗。始受围，菽麦野生，泽有凫茨可采，后皆尽，至屑榆皮食之。

承州既陷，楚势益孤，立遣人诣朝廷告急。签书枢密院事赵鼎欲遣张俊救之，俊不肯行。鼎曰："江东新造，全借两淮，失楚则大事去矣。若俊惮行，臣愿与之偕往。"俊复力辞，乃命刘光世督淮南诸镇救楚。东海李彦先首以兵至淮河，扼不得进；高邮薛庆至扬州，转战被执死；光世将王德至承州，下不用命；扬州郭仲威按兵天长，阴怀顾望；独海陵岳飞仅能为援，而众寡不敌。高宗览立奏，叹曰："立坚守孤城，虽古名将无以踰之。"以书趣光世会兵者五，光世讫不行。金知外救绝,围益急。九月,攻东城,立募壮士焚其梯,火辄反向,立叹曰:"岂天未助顺乎。"一旦风转,焚一梯,立喜,登磴道以观,飞炮中其首,左右驰救之,立曰:"我终不能为国殄贼矣。"言讫而绝,年三十有七。众巷哭。以参谋官程括摄镇抚使以守。金人疑立诈死,不敢动。越旬余,城始陷。初,朝廷闻楚乏食,与粟万斛,命两浙转运李承造自海道先致三千斛,未发而楚失守矣。

立家先残于徐,以单骑入楚。为人木强,不知书,忠义出天性。善骑射,不喜声色财利,与士卒均廪给。每战擐甲胄先登,有退却者,大呼驰至,捽而斩之。初入城,合徐、楚兵不满万,二州众不相能,立善抚驭,无敢私隙。仇视金人,言之必嚼齿而怒,所俘获磔以示众,未尝献馘行在也。刘豫遣立故人赍书约降,立不发书,束以油布焚市中,且曰:"吾了此贼,必灭豫乃止。"由是忠义之声远近皆倾下之,金人不敢斥其名。围既久,众益困,立夜焚香望东南拜,且泣曰:"誓死守,不敢负国家。"命其众击鼓,曰:"援兵至,闻吾鼓声则应矣。"如是累月,终无至者。立尝戒士卒:不幸城破,必巷战决死。及陷,众如其言。

自金人犯中国,所下城率以虚声胁降,惟太原坚守踰二年,濮州城破,杀伤大相当,皆为金人所惮。而立威名战多,咸出其上。讣闻,辍朝,赠奉国节度使、开府仪同三司,官其子孙十人,谥忠烈。明年,金人退,得立尸谯楼下,颊骨箭穴存焉。命官给葬事,后为立祠,名曰显忠。

赵立本身为徐州人,地近楚州,赵立援救楚州的兵马,正是由徐州人所组成的,笔者以为因为是乡党,所以有凝聚力,战力较佳,可见赵立突围增援成功一事。赵立本身在山东诸郡也有威望,受杜充之命,增援楚州。楚州当时战况危急,通守贾敦诗准备要投降了,赵立且战且走,交战七次后,率徐州军增援成功。赵立在镇守楚州期间,利用武勇激励士气。比较可惜的是当时在白马湖一带的张敌万,是张荣的抗金武装,但两者却不能合作,王曾瑜认为是失误①。

　　赵立在承州沦陷后,局面陷入僵局。因为承州为高邮军②,承州的沦陷,代表楚州正式被包围,成为敌占区中的孤岛,这造成缺粮的局面与救援不力的困境,最终成为赵立牺牲的主因。当然当时刘光世等消极救援也是因素之一。赵立最终因被飞炮击中头部而战死,赵立死后,楚州兵马仍然巷战到底。赵立擅长抚驭,成功地调和增援的徐州军团与本地楚州军团,两者齐心协力作战。楚州保卫战虽然失败,但民兵四散突围③,还是保留了部分实力。楚州保卫战,再度印证了楚州百姓保家卫国的血性。赵立本身被立神祭祀,是显忠祠的主神,成为楚州当地的乡土神。

　　楚州辖山阳、淮阴、宝应、盐城四县④。山阳县有射阳湖,因此地本为汉射阳县地而得名,而后射阳县改为山阳县⑤。石鳖山,邓艾于此山下筑城⑥,此地即"平阳石鳖,田稻丰饶"⑦,故盛产稻米等谷物。柘塘城在山阳县西南 40 里,隋炀帝游江都时,将粮食聚于此地⑧。柘塘城因附近盛产稻米,加上邗沟的交通,故成为隋炀帝

---

① 王曾瑜、贾芳芳:《南宋民族英雄赵立和楚州保卫战》,《四川师范大学学报》,第 40 卷,第 4 期,2013 年 7 月,第 135—136 页。

② 《宋史》卷 88,《地理四》,第 2181 页。

③ 《宋史》卷 448,《忠义传》,第 13213—13216 页。

④ 《太平寰宇记》卷 124,第 2461 页。

⑤ 《太平寰宇记》卷 124,第 2461 页。

⑥ 《太平寰宇记》卷 124,第 2461 页。

⑦ 《南齐书》卷 14,《州郡上》,第 257 页。

⑧ 《江苏省通志稿》古迹卷,卷 4,第 41 页。

幸江都的后勤基地。山阳本为津名,后成为县名,此地是因为西
汉吴王濞谋反于广陵,山阳王率军拒之,为了旌忠所命名①。都梁
宫,隋炀帝在此地避暑②。

在楚州城山阳县有仓城,此城与楚州城东南接壤,隋文帝因
伐陈,在此地储存军粮,逾百万,此地粮食甚多,至大业末,仍然
"恒有积谷",后因隋乱而荒废③。楚州在隋唐时就有转般仓,在山
阳县运河西岸,漕运由此转送关中④。这两处与水运相关,接下来
看到淮阴县,淮阴县最重要是山阳渎,也就是渎水。山阳渎即古
邗沟,因隋文帝重加修掘而畅通⑤。

淮阴县的韩信城,现今已考证出位置,如图2－1－9:

图2－1－9　韩信城(许峻维自摄)

---

① 《太平寰宇记》卷124,第2461页。
② 《太平寰宇记》卷124,第2461页。
③ 《太平寰宇记》卷124,第2462页。
④ 《江苏省通志稿》古迹卷卷4,第41页。
⑤ 《太平寰宇记》卷124,第2462页。

　　韩信城目前在立碑处的正下方，由于上方覆盖民房废墟，而暂无挖掘，旁边有护城河的遗址，可以看到还颇深的。韩信城因韩信封侯而建城①。笔者在实地考察之后，发现此城不大。韩信城附近，步行不远处就是韩母墓。韩信城与韩母墓附近都有大马路，但还需沿着大马路旁的杂草小路，走进去才会抵达，马路并未修到这两个地方。

图 2‐1‐10　韩母墓（许峻维自摄）

　　淮阴县南 200 步有婆罗树碑，为海州刺史李邕所书②。李邕这篇碑文，为《全唐文》所收录③，在后面的部分会再进行探讨。宝应县，本安宜县，因楚州献宝而改为宝应县，这在前面已探讨过了。宝应县西 85 里有白水陂：

①《太平寰宇记》卷 124，第 2463 页。
②《太平寰宇记》卷 124，第 2463 页。
③《全唐文》卷 263，第 2667 页。

邓艾所立,与盱眙破釜塘相连,开八水门立屯,溉田二千顷。大业末,破釜塘坏,水北入淮,白水塘因亦竭涸。今时雨调适,犹得灌田①。

此为宝应白水陂,另在泗州临淮县南 120 里的白水陂,曹魏邓艾曾在此处设置屯田 49 所,故陂上有邓艾庙②,《太平寰宇记》记载邓艾屯田两千顷,但《舆地纪胜》记载邓艾屯田一万两千顷③。白水陂为陂塘,是古代水利灌溉的建设,以利于农业。宝应县东与射阳湖接壤,中流与盐城分界④。

二、淮泗地区的泗州

泗州(含下邳),有淮水、泗水、沭水流经该州⑤,故为水运重地。泗州在《旧唐书》中记载如下:

泗州中　隋下邳郡。武德四年,置泗州,领宿预、徐城、淮阳三县。贞观元年,省淮阳县入宿预,以废邳州之下邳,废连州之涟水来属。八年,又以废仁州之虹县来属。总章元年,割海州沭阳来属。咸亨五年,沭阳还海州。长安四年,置临淮县。开元二十三年,自宿预移治所于临淮。天宝元年,改为临淮郡。干元元年,复为泗州。

① 《太平寰宇记》卷 124,第 2463 页。
② 《太平寰宇记》卷 16,第 315—316 页。
③ 《舆地纪胜》卷 39,第 1644 页。
④ 《太平寰宇记》卷 124,第 2463 页。
⑤ 《太平寰宇记》卷 16,第 316 页。

旧领县五,户二千二百五十,口二万六千九百二十。领宿豫、涟水、徐城、虹、下邳。天宝领县六,户三万七千五百二十六,口二十万五千九百五十九。今领县三:临淮、涟水、徐城。其虹县割隶宿州,宿预、下邳隶徐州。

临淮 长安四年,割徐城南界两乡于沙熟淮口置临淮县。开元二十三年,移治郭下。

涟水 隋县。武德四年,置涟州,仍分置金城县。贞观元年,废涟州,并省金城县,以县属泗州。总章元年,改为楚州。咸亨五年,还属泗州。

徐城 汉徐县。隋为徐城县,属泗州,治于大徐城。开元二十五年,移就临淮县。[1]

泗州本为隋代下邳郡,唐代于下邳设置了泗州,下邳的重要性在于,位于淮河以北,淮河以南为淮阴地区,在宋代于下邳设立淮阳军(辖下邳与宿迁)[2],只有宋代称为淮阳军,今日淮阳指的是河南省周口市下的一个区。元代时泗州并入淮安路[3],成为明清淮安府的一部分。

泗州在《太平寰宇记》中,为宋代的泗州,元领县七,宋代为三,剩下临淮、盱眙、招信。盱眙与招信分别从楚州与濠州割入,原本泗州所领的涟水县升格为涟水军,宿迁与下邳县并入淮阳军,徐城县并入临淮县[4]。

泗州"东至楚州二百二十五里,南至淮水一里与盱眙分界,西

---

① (五代)刘昫:《旧唐书》卷38,《地理一》,北京:中华书局,2002年,第1444—1445页。
② 《宋史》卷85,《地理志》,第2109页。
③ 《元史》卷59,《地理二》,第1415—1416页。
④ 《太平寰宇记》卷16,第311页。

至濠州二百一十二里，正北微东至海州五百四十五里"①。泗州东西距离楚州与濠州相近，东北为海州。关于泗州强至作了《送陈郎中泗州得替》一诗：

> 历选临淮守，多闻政术偏。若柔非似水，即是急如弦。下吏或弄法，属僚时窃权。邀权沸钟鼓，市誉饰庖荙。此弊岁月久，何人才业全。我公来作郡，众口悉称贤。宽猛履中道，勤劳经比年。宪章难尔枉，纲纪自吾专。间喜文字饮，懒开歌舞筵。迎宾常倒屣，酌水每留钱。无愧古循吏，岂同今备员。频陛功状最，宜待宠章甄。上意深嘉乃，高怀遽撒然。琳宫愿监董，铃阁厌拘率。帝惜惟良去，公逾所请坚。俄闻拜俞诏，得往阅陈编。未可谋真隐，行当被峻迁。散材蒙剪拂，殊遇绝夤缘。有立期他日，无望报二天。聊将感知泪，洒送北归船②。

从诗中可以看到首先提到泗州的官员朝廷多以擅长政治作为选择，在泗州地区基层的吏方面也存在吏滑如油的情况，因此政治存在承袭弊端。然陈郎中转任此地长官后，如同古代循吏一般，"宽猛履中道，勤劳经比年。宪章难尔枉，纲纪自吾专。间喜文字饮，懒开歌舞筵。迎宾常倒屣，酌水每留钱"，首先做到宽能抚民是对循吏的基本要求，同时兼顾纲纪。另外一方面重视文教，对于人才是非常重视的。最后是陈郡守廉洁，饮水都要留钱，不白

---

① 《太平寰宇记》卷 16，第 311 页。
② 北京大学古文献研究所编：《全宋诗》卷 597，北京：北京大学出版社，1992 年，第 7048 页。

占百姓的好处。最后陈郡守调任,强至写下此诗,为陈郡守留下了一页的记录。

关于泗州的地理,可以看到《太平寰宇记》,泗州有些曾经出现过的城池,告诉我们关于这些地方与军政各方面的关系。在泗州的临淮县,吴城跟古屯城都与南朝陈的吴明彻北伐有所关系。吴城,别名为高平郡城,东临废通济渠,为"太建六年陈将吴明彻,于此置高平郡"①。古屯城:

> 陈太建五年,大将吴明彻于此置堰,断淮水,以灌濠州,缘此筑城,置兵防守。其城内南北作隔,分为两城。淮南招义县界又有一城,临水,南北相对,亦是同时筑,名为屯城②。

古屯城是吴明彻为了断淮水所筑,古屯城与吴城的关系是,吴明彻先筑古屯城与淮南招义县屯城后,继续北伐,设立高平郡城(吴城)。吴城跟古屯城均与河水将近,吴城东为运河-通济渠,古屯城为淮水。

李千城与高冢城,代表着此地为南北交界区域。李千城本为后魏戍,为北魏熙平元年李千所设置。高冢城在北魏是义与郡的郡城,在萧梁为兴安郡领高冢城③。李千城本为戍,也就是军事单位,而高冢城一度分属魏或梁,故此二城代表南北朝的交界地带。

淮阳城,在淮水北面,徐城县东北一百五十里,西边临着泗水④,故该城南面与西面临水,此城又被称为抱月城,因抱淮泗之

---

① 《太平寰宇记》卷16,第313页。
② 《太平寰宇记》卷16,第314页。
③ 《太平寰宇记》卷16,第313页。
④ 《太平寰宇记》卷16,第313页。

水,形势似月①。淮阳城,另外的重要性为宋文帝元嘉 25 年时,皇子刘彧为淮阳王②的封地。刘彧为后来的宋明帝。

在泗州的盱眙县,该县的三地台子山、长围山与废臧质城,都涉及北魏太武帝南征至瓜布(今南京六合区)一事。北魏太武帝南征与北还,都与臧质交战,特别是北还,太武帝向臧质求酒,臧质封尿以还,因而引发太武帝怒攻盱眙:

> 二十八年正月初,焘自广陵北返,便悉力攻盱眙,就质求酒,质封溲便与之。焘怒甚,筑长围,一夜便合,开攻道,趣城东北,运东山土石填之。虏又恐城内水路遁走,乃引大船,欲于君山作浮桥,以绝淮道。城内乘舰逆战,大破之。明旦,贼更方舫为桁,桁上各严兵自卫。城内更击不能禁,遂于君山立桁,水陆路并断③。

《宋书·臧质传》记载了太武帝拓跋焘筑长围,又于君山做浮桥,以断臧质的退路。长围山,因魏武帝,于梁山筑长围城,造浮桥,绝水路,因而改为长围山④。

台子山因太武帝攻打臧质,北魏军造努台以射城中,台子山因而得名⑤。台子山在楚州西南 194 里,长围山在楚州西南 180 里⑥,故两山仅离 14 里,相当近。

废臧质城,因臧质而修建,因太武帝攻打而成名,但存在时间

① 《太平寰宇记》卷 16,第 313 页。
② 《太平寰宇记》卷 16,第 313 页。
③ 《宋书》卷 74,第 1912 页。
④ 《太平寰宇记》卷 16,第 318 页。
⑤ 《太平寰宇记》卷 16,第 318 页。
⑥ 《太平寰宇记》卷 16,第 318 页。

不长，即废弃，可见《太平寰宇记》：

> 西近淮水。按宋书云，元嘉二十七年遣将臧质屯兵盱眙
> 县，筑此城以拒魏师。隋大业十年子让贼据都梁宫，其年江
> 都通守王世充修理此城，屯军贼破至。唐武德六年，辅公佑
> 江南作逆，徐州道副元帅任懷与李绩等在此，屯军聚造器杖，
> 至七年破辅公佑以定，江南军去之后空废①。

臧质城西近淮水，是以太武帝筑长围、做浮桥、立桁，以切断城中
的补给线。隋末王世充修理过此城，任懷与李绩在唐高祖武德7
年（624）平定辅公佑后，此城即废弃。笔者以为此城为军事城寨，
故当军事作用丧失时，该城寨就废弃了。

盱眙县东有东阳山，附近有东阳故城：

> 史记项羽纪注云：东阳县本属临淮郡，汉明帝分属下邳，
> 后复分属广陵，又陈婴为东阳令史。又云楚汉之际，曾以为
> 荆国，封刘贾为荆王，而东阳即此地也②。

东阳故城因东阳山而得名，在楚汉相争时，为东阳县，陈英担任东
阳令史，刘贾任荆王时，封于此地。东阳因离淮阴不远，故东阳石
鳖③，笔者以为也与东阳山有关。

泗州的招信县，有古济阴城与古公路城：

① 《太平寰宇记》卷16，第319页。
② 《太平寰宇记》卷16，第319页。
③ 《晋书》卷75，《荀羡传》，第1981页。

　　古济阴城,在县东二里。宋泰始二年筑,置济阴郡,北带长淮。河清三年水溢淹倒,缘淮州郡多徙,此城遂废。至唐武德二年,土人杨益自据为化州刺史,未知所属,于此城内至济阴县,四年归国,七年废化州并县。

　　古公路城,在北六十里平地,城北带淮水,后汉书袁术传云:(袁)术,字公路,献帝建安二年僭号九江。术率兵击杀陈王宠,曹操征之。术闻大骇,乃渡江筑此城以自据[1]。

这两座城都北邻淮河,古济阴城更因水淹而废弃过。古济阴城因土人杨益割据此地,短暂为化州。古公路城,因袁术筑城据曹操而得名。在楚州有公路浦,也是因袁术而得名。

第二节　淮泗地区的徐州与海州

一、淮泗地区的徐州

　　徐州,淮泗地区最重要的州,应该这么说,徐州一度囊跨整个淮泗地区,楚州、海州、泗州都包含在内。然而随着行政区块的变迁,徐州逐渐变小,在宋代时徐州治理彭城、沛县、丰县、藤县、萧县,原有的下邳跟宿迁,并入淮阳军[2]。徐州在刘宋时为重镇[3],直至宋明帝因举措失当,薛安都以徐州降魏。此后徐州就在北魏手

---

① 《太平寰宇记》卷 16,第 320 页。
② 《太平寰宇记》卷 15,第 295 页。
③ 《太平寰宇记》卷 15,第 294 页。

里,北魏设为徐州兼东南道行台①,成为北方攻略南方的军事重镇。也因为宋明帝失徐州,南朝的淮泗地区以楚州(淮阴)、泗州为防线抵御徐州的来敌。

从《太平寰宇记》中,我们可以了解一些徐州的城池与军政的关系。徐州最重要的是彭城县,彭城是古代大彭国之地,秦末楚怀王(义帝)将首都从盱眙迁都至此,而后项羽也把首都设在这里②。项羽舍弃关中,将首都设在彭城,而后有了锦衣夜行的成语,最终项羽也因此决定,兵败身死。徐州除了项羽以外,再往前追,就是活很久的彭祖,彭祖活了767岁③,世传彭祖活了八百岁,相传彭祖墓也在彭城。

从苏轼的"徐州上皇帝书"可以看到他对于徐州的理解:

> 移守徐州,览观山川之形势,察其风俗之所上,而考之于载籍,然后又知徐州为南北之襟要,而京东诸郡安危所寄也。昔项羽入关,既烧咸阳,而东归则都彭城。夫以羽之雄略,舍咸阳而取彭城,则彭城之险固形便,足以得志于诸侯者可知矣。臣观其地,三面被山,独其西平川数百里,西走梁、宋,使楚人开关而延敌,材官驺发,突骑云纵,真若屋上建瓴水也。地宜粟麦,一熟而饱数岁。其城三面阻水,楼堞之下,以汴、泗为池,独其南可通车马,而戏马台在焉。其高十仞,广袤百步,若用武之世,屯千人其上,聚楄木炮石,凡战守之具,以与城相表里,而积三年粮于城中,虽用十万人,不易取也。其民皆长大,胆力绝

---

① 《太平寰宇记》卷15,第294页。
② 《太平寰宇记》卷15,第297页。
③ 《太平寰宇记》卷15,第297页。

人,喜为剽掠,小不适意,则有飞扬跋扈之心,非止为盗而已。
汉高祖,沛人也;项羽,宿迁人也;刘裕,彭城人也;朱全忠,砀山人
也:皆在今徐州数百里间耳。其人以此自负,凶桀之气,积以成
俗。魏太武以三十万人攻彭城,不能下。而王智兴以卒伍庸材,
恣睢于徐,朝廷亦不能讨。岂非以其地形便利,人卒勇悍故耶?

　　州之东北七十馀里,即利国监,自古为铁官,商贾所聚,
其民富乐,凡三十六冶,冶户皆大家,藏镪巨万……要使利国
监不可窥,则徐无事,徐无事,则京东无虞矣①。

苏轼观察到徐州为南北要冲,先天地势极佳,故项羽选择建都此
地。本身徐州又地处南北交界,故粟米与小麦皆可种植,这样能
有农业之利。徐州本地人民风强悍,如刘邦、项羽、刘裕等人都出
自此地。因为地势加上民风,故当北魏太武帝 30 万大军南征也
没拿下徐州,直到前文提到的薛安都降北魏,北魏才取得徐州一
地,而后南朝只能以楚州来抵御北方自徐州南下的兵马。至于大
一统时代唐代,徐州节度使王智兴以徐州一地,向唐代中央抗争。
关徐州本地军民与唐廷抗争可见卢建荣的专著②③,卢主要关注与
徐州地方军民与唐代中央的对抗。苏轼在宋代就观察到王智兴
以徐州来对抗中央,获得权势。苏轼还观察到徐州旁的利国监盛
产铁矿与冶铁,若利国监不安定会影响到徐州的安全。

　　彭城县的吕梁,南朝陈吴明彻北伐时,屯兵吕梁,将泗水筑

---

① 曾枣庄、舒大刚:《苏东坡全集》,北京:中华书局,2021 年,册 3,第 1400 页。
② 卢建荣:《咆哮彭城唐代淮上军民抗争史(763—899)》,北京:北京大学出版社,2014
　年。
③ 卢建荣:《中国中古的社会与国家:京华磁吸、门阀自毁与藩镇做大》,台北:暖暖出
　版社,2024 年。第 140—144 页。

堰,以水灌徐州城,因吕梁在彭城东南仅 57 里,而泗水离彭城县仅 10 步①。然吴明彻也是在此地兵败被擒。彭城县东 4 里的定国山,"东魏武帝五年,慕容绍宗欲击梁贞阳侯萧明,营于此②",定国山为慕容绍宗的屯兵处。此事发生在梁武帝太清元年(547),此事因东魏高欢身死,侯景举河南地降梁,此事在三月③。八月梁武帝以萧渊明、萧会理北伐东魏④,接应侯景。萧渊明受梁武帝指挥,筑堰于寒山,要水灌彭城,与侯景为犄角:

> 上命萧渊明堰泗水于寒山以灌彭城,俟得彭城,乃进军与侯景犄角。癸卯,渊明军于寒山,去彭城十八里,断流立堰。侍中羊侃监作堰,再旬而成。东魏徐州刺史太原王则婴城固守,侃劝渊明乘水攻彭城,不从。诸将与渊明议军事,渊明不能对,但云"临时制宜"⑤。

11 月,高澄使慕容绍宗出征,慕容绍宗屯于橐驼岘,而后攻萧渊明,渊明余秉五日被俘⑥。《通鉴》与《太平寰宇记》的差别为,前者为萧渊明,后者疑为避讳为萧明;前者慕容绍宗屯兵于橐驼岘,后者慕容绍宗屯兵于定国山,疑两者为同一地。寒山堰,在彭城县东南 18 里,为萧明所筑以灌彭城⑦。寒山堰的存在印证了《通鉴》的记载。

---

① 《太平寰宇记》卷 15,第 297 页。
② 《太平寰宇记》卷 15,第 298 页。
③ 《通鉴》卷 160,梁武帝太清元年(547),第 4949—4950 页。
④ 《通鉴》卷 160,梁武帝太清元年(547),第 4956—4957 页。
⑤ 《通鉴》卷 160,梁武帝太清元年(547),第 4961 页。
⑥ 《通鉴》卷 160,梁武帝太清元年(547),第 4962—4963 页。
⑦ 《太平寰宇记》卷 15,第 299 页。

彭城县的州理城为唐贞观五年(631)所筑,然笔者以为此城应为重修,因州理城外城为古彭国的所在,刘邦封其弟于此,刘宋的刘裕也封其子刘义康于此,后宋平北将军、徐州刺史薛安都,乃以城归魏也①。薛安都降北魏后,南朝自宋明帝以后,只能退以淮阴一带作为抵御彭城的前线,楚州成为南方抵御北方的重镇。

项羽定都于彭城,故项羽在彭城县南 3 里,筑戏马台,而刘裕北伐,经过此地:

> 戏马台,在县南三里。项羽筑戏马台于此。宋武北征至彭城,遣长史王虞等立第舍于项羽戏马台,作阁桥渡池,重九日,公引宾佐登此台,會将佐百僚赋诗以观志,作者百余人,独谢灵运诗最工,曰:"季秋边朔苦,旅鴈绕霜雪。凄凄阳卉腓,皎皎寒潭洁。良辰感圣心,云旗兴暮节。鸣笳戾朱宫,兰卮献诗哲。饯宴光有孚,和乐隆所缺。"云云,宋于台上置寺②。

谢灵运于戏马台上作诗,而后刘宋于此地设置寺庙。笔者以为此庙应与刘裕有关。

彭城县东 50 里有吕梁城:

> 城临泗水,高百四十尺,周十七里,此城东二里有三城,一在水南,一在水潭中,一在水北,并高齐所筑,立镇以防陈寇③。

---

① 《太平寰宇记》卷 15,第 298 页。
② 《太平寰宇记》卷 15,第 298 页。
③ 《太平寰宇记》卷 15,第 299 页。

吕梁城为高齐所筑,用以抵御南朝陈,所筑三城,作为徐州抵御南朝的要塞。彭城县东南 50 里为吕布城,为吕布自下邳与曹公相持筑城于此①。

沛县与刘邦关系极为密切,刘邦以沛县县理城起兵,刘邦建国后以沛县为汤沐邑②。枌榆社、沛宫、泗水亭、歌风台俱与刘邦有关③。滕县为古小邾之国,县内的古薛城与孟尝君冢都④与孟尝君有关。萧县、丰县有些楚汉相争时的地点,如萧县丁公山与丰县丁公坟。

苏轼在治理徐州时期也曾到访过一些徐州的景点,并留下诗文,如放鹤亭、庄子祠堂、桓山。接下来会依次进行探讨,首先是放鹤亭,苏轼写了《放鹤亭记》⑤:

> 熙宁十年秋,彭城大水,云龙山人张君之草堂,水及其半扉。明年春,水落,迁于故居之东,东山之麓。升高而望,得异境焉,作亭于其上。彭城之山,冈岭四合,隐然如大环,独缺其西一面,而山人之亭,适当其缺。春夏之交,草木际天;秋冬雪月,千里一色;风雨晦明之间,俯仰百变。山人有二鹤,甚驯而善飞,旦则望西山之缺而放焉。纵其所如,或立于陂田,或翔于云表,暮则傃东山而归,故名之曰"放鹤亭"。
>
> 郡守苏轼,时从宾佐僚吏,往见山人,饮酒于斯亭而乐

---

① 《太平寰宇记》卷 15,第 299 页。
② 《太平寰宇记》卷 15,第 300—301 页。
③ 《太平寰宇记》卷 15,第 301 页。
④ 《太平寰宇记》卷 15,第 302—303 页。
⑤ 《苏东坡全集》册 6,第 2871—2872 页。

之。抟山人而告之，曰："子知隐居之乐乎？虽南面之君，未可与易也。《易》曰：'鸣鹤在阴，其子和之。'《诗》曰：'鹤鸣于九皋，声闻于天。'盖其为物，清远闲放，超然于尘埃之外，故《易》、《诗》人以比贤人君子。隐德之士，狎而玩之，宜若有益而无损者；然卫懿公好鹤，则亡其国。周公作《酒诰》，卫武公作《抑戒》，以为荒惑败乱，无若酒者；而刘伶、阮籍之徒，以此全其真而名后世。嗟夫！南面之君，虽清远闲放如鹤者，犹不得好，好之则亡其国。而山林遁世之士，虽荒惑败乱如酒者，犹不能为害，而况于鹤乎？由此观之，其为乐未可以同日而语也。"

山人欣然而笑曰："有是哉！"乃作《放鹤》《招鹤》之歌曰："鹤飞去兮，西山之缺。高翔而下览兮，择所适。翻然敛翼，宛将集兮，忽何所见，矫然而复击。独终日于涧谷之闲兮，啄苍苔而履白石。""鹤归来兮，东山之阴。其下有人兮，黄冠草履，葛衣而鼓琴。躬耕而食兮，其馀以汝饱。归来归来兮，西山不可以久留！"

此文作于熙宁十年秋徐州淹大水的时候，此时大水淹到"云龙山人张君之草堂，水及其半扉"水淹到门扇的一半，足以侧面印证此次黄河决堤，水患的严重性。然后张先生改到了故居东面的山麓，另外修葺新居，并筑了放鹤亭。放鹤亭源自张先生有养两只鹤，早上放飞下午回来，故名放鹤。苏轼与张先生在此地饮酒聚会，也聊到了"卫懿公好鹤"的典故，闲谈的内容被记录了下来。张先生在文末段回应作《放鹤》《招鹤》之歌。该文清楚记录了苏轼到访张先生放鹤亭的一次聚会的场景。

至于庄子祠堂，则是由于"县令秘书丞王兢始作祠堂，求文以

为记",《庄子祠堂记》①:

> 庄子,蒙人也。尝为蒙漆园吏。没千馀岁,而蒙未有祀之者。县令秘书丞王兢始作祠堂,求文以为记。

> 谨按《史记》,庄子与梁惠王、齐宣王同时,其学无所不窥,然要本归于老子之言。故其著书十馀万言,大抵率寓言也。作《渔父》《盗跖》《胠箧》,以诋訾孔子之徒,以明老子之术。此知庄子之粗者。余以为庄子盖助孔子者,要不可以为法耳。楚公子微服出亡,而门者难之。其仆操棰而骂曰:"隶也不力。"门者出之。事固有倒行而逆施者。以仆为不爱公子,则不可;以为事公子之法,亦不可。故庄子之言,皆实予而文不予,阳挤而阴助之,其正言盖无几。至于诋訾孔子,未尝不微见其意。其论天下道术,自墨翟、禽滑厘、彭蒙、慎到、田骈、关尹、老聃之徒,以至于其身,皆以为一家,而孔子不与,其尊之也至矣。

> 然余尝疑《盗跖》《渔父》,则若真诋孔子者。至于《让王》《说剑》,皆浅陋不入于道。反复观之,得其《寓言》之意,终曰:"阳子居西游于秦,遇老子。老子曰:'而睢睢,而盱盱,而谁与居。太白若辱,盛德若不足。'阳子居蹴然变容。其往也,舍者将迎其家,公执席,妻执巾栉,舍者避席,炀者避灶。其反也,舍者与之争席矣。"去其《让王》《说剑》《渔父》《盗跖》四篇,以合于《列御寇》之篇,曰:"列御寇之齐,中道而反,曰:'吾惊焉,吾食于十浆,而五浆先馈。'"然后悟而笑曰:"是固一章也。"庄子之言未终,而昧者剿之以入其言。余不可以

---

① 《苏东坡全集》册6,第2860—2861页。

不辨。凡分章名篇，皆出于世俗，非庄子本意。

《庄子祠堂记》除了告诉我们，徐州重修了庄子祠堂，苏轼也在该文中记述了他对于庄子的一些看法与认识。

苏轼曾与亲友同游桓山，做《游桓山记》[①]：

> 元丰二年正月己亥晦，春服既成，从二三子游于泗之上。登桓山，入石室，使道士戴日祥鼓雷氏之琴，操《履霜》之遗音，曰："噫嘻悲夫，此宋司马桓魋之墓也。"或曰："鼓琴于墓，礼欤？"曰："礼也。季武子之丧，曾点倚其门而歌。仲尼，日月也，而魋以为可得而害也。且死为石椁，三年不成，古之愚人也。余将吊其藏，而其骨毛爪齿，既已化为飞尘，荡为冷风矣，而况于椁乎，况于从死之臣妾、饭含之贝玉乎？使魋而无知也，余虽鼓琴而歌可也。使魋而有知也，闻余鼓琴而歌知哀乐之不可常、物化之无日也，其愚岂不少瘳乎？"
>
> 二三子喟然而叹，乃歌曰："桓山之上，维石嵯峨兮。司马之恶，与石不磨兮。桓山之下，维水弥弥兮。司马之藏，与水皆逝兮。"歌阕而去。从游者八人：毕仲孙、舒焕、寇昌朝、王适、王遹、王肆、轼之子迈、焕之子彦举。

元丰二年正月的最后一天己亥日，苏轼等人因为所做的春装以完成，故相约出游。他们登上桓山，去看了春秋时期宋国司马桓魋之墓。这个桓魋曾跟孔子发生一些事情：

----

① 《苏东坡全集》册6，第2878页。

> 孔子去曹适宋，与弟子习礼大树下。宋司马桓魋欲杀孔子，拔其树。孔子去。弟子曰："可以速矣。"孔子曰："天生德于予，桓魋其如予何！"[1]

孔子有弟子司马耕为桓魋之弟[2]，因为桓魋将为乱，故司马耕跑去问孔子，孔子回答："内省不疚夫何忧何惧"[3]。桓魋兄弟因桓魋之事：

> 宋桓魋以宠害于（宋景）公，公使夫人骤请享焉而将讨之……以命其徒攻桓氏……向魋遂入于曹以叛……民遂叛之向魋奔卫……向魋出卫地……奔齐，陈成子使为次卿。司马牛又致其邑焉而适吴[4]。

桓魋有宠于宋景公，最后因恃宠而骄，逼得宋景公讨伐他，最后桓魋到曹国叛乱失败，先后逃到卫国跟齐国，齐国的陈成子以桓魋为次卿。桓魋的弟弟司马耕反而投奔到吴国去，以示其与桓魋不同。桓魋最后在苏轼的文章中，他就葬在徐州的桓山。苏轼一行还调侃了桓魋想要害孔子的典故，并且嘲讽他"死为石椁，三年不成"，苏轼一行还在此地引吭高歌，苏轼的文章记录了此次出游。

----

[1] 《史记》卷 47，《孔子世家》，第 1921 页。

[2] 《史记》卷 67，《仲尼弟子列传》，第 2214 页。司马耕字子牛其下注，《史记索隐》提到。

[3] （清）阮元：《十三经注疏》，台北：艺文印书馆，2011 年。《论语注疏解经》卷 12，第 102—106 页。

[4] 《十三经注疏》，《左传注疏》卷 59，第 1031—1034 页。

二、淮泗地区的海州

海州为现今的连云港市,海州靠海,海上有岛为郁州,昔日为秦末的田横所据,后为东海县①。沧海桑田原本的郁州岛现在已经与大陆相连结,成为连云港市陆地的一部分。回到 3—11 世纪的淮泗地区,此时的海州,正经历由郁州往海州变迁的过程。

关于海州的形胜可以看到《海州志》的记载:

> (海州此地)东滨海道,西接徐邳,北控齐鲁,南蔽江淮……汇高丽、百济、日本诸国,直其东风帆之便,不测可至,高屿绝岛环列后先,东西二城,官军两所,足以控制备守②。

海州此地东面以海洋,可以顺着风帆而行,无需测量,代表航线稳定,这在本书也提起过,唐代新罗人由新罗经海州至楚州居住,正是因为海路稳定之故。海州除了滨海重要,外围也有很多岛屿屏障,在对陆地部分为形胜之地。但张峰在《海州志》评论到,认为"海州对陆地有平原漫衍,无关隘可守的缺憾,在对海洋方面,隐映沧波间可登高而望也。所以张峰评价如果遇到治世,则海州山海兴利,若遇到乱世则水陆受敌,可不虑哉③。"

海州朐山县,因秦始皇立石于海上,为秦帝国的东门阙④。朐

---

① 《太平寰宇记》卷 22,第 462 页。
② (明)张峰:《海州志》卷 1,上海:上海古籍书店,景印宁波天一阁藏明代隆庆刻本。版心第 5 页。
③ 《海州志》卷 1,版心第 5 页。
④ 《太平寰宇记》卷 22,第 458 页。

山县的遗址多与秦代有关,如县南 60 里的龙沮故城,县南 100 里由项羽将钟离昧所筑的钟离昧故城。胸山县西北百四十步的废沂州城:

> 按《舆地志》云:"宋泰始三年,失旧沂州,至五年,于胸山东北侨置沂州,至泰豫元年,移胸县就沂州。后周建德六年,改沂州为胸州。隋开皇四年省。"今城基存①。

废沂州城为侨治沂州,因宋明帝失淮北,故设置此一侨治州。北周建德 6 年(577)改沂州为胸州,这代表废沂州城为北方所有,此一时期南方为南朝陈太建 9 年(577),这一年北周灭北齐,故北周获得废沂州城后,改为胸州。此一州的设置是因为安置北方南下的沂州侨民,到隋文帝时期,废弃此城。

海州胸山县西九里有古卢王城:

> 《梁典》云:"天监十年三月,盗杀胸山戍主刘晰,引虏徐州刺史卢昶,遣振远将军马仙琕讨之。卢昶自徐州以兵来援胸山,屯兵据此城,权假王号,自称卢王,因名卢王城。②"

此事起因于南方胸山戍主刘晰被杀,北齐徐州刺史卢昶趁机进据卢王城,以抗萧梁马仙琕的征讨。此事属于南方出事,北方趁机南侵,进据所占的城池。反映南北交界地带,领土会有所变更。北齐卢昶占据古卢王城,然马仙琕北伐,平定卢昶后筑古摩坡城:

---

① 《太平寰宇记》卷 22,第 461 页。
② 《太平寰宇记》卷 22,第 461—462 页。

《梁典》云："天监十年,遣振远将军马仙琕来讨朐山,至
十二月克之。卢昶挺身走,仙琕遣张惠绍追之。斩首十万,
造此城。①"

古摩坡城为南方抗拒北方重修的城池,此城建立代表南方收复朐
山县。在《海州志》中,马仙琕所建筑的就是此城②。马仙琕之后
为宋代绍兴 21 年,魏胜复筑此城③,关于魏胜在后文会再提到他,
在他的列传中也会提到他跟海州城的事情。宝佑 3 年(1255)李
坛文又加修筑,城分东西二城,高 2 丈 7 尺,周围 3 里,有东西
二门④。

海州的东海县东北五十里,青山之阴有赣榆故城:

《郡国县道记》云:"赣榆城在怀仁县东北三十一里,一名
盐仓城。"后汉改属东海国,曹魏时省。晋太康中复立,寻又
省。隋大业末,臧君相窃据海州,以先有赣榆县,遂筑此城,
因取旧名,更置赣榆县。唐武德八年,省⑤。

赣榆故城又名盐仓城,因其靠海,有盐业而屯盐得名。赣榆故城
不断废立,直到臧君相据海州,又修筑此城。笔者以为这代表仅
在割据势力,方有修筑此城的必要,而统一时期,则视需要立废与
否。晋太康中之所以复立赣榆故城,笔者以为应为晋武帝太康 6

①《太平寰宇记》卷 22,第 462 页。
②《海州志》卷 1,版心第 6 页。
③《海州志》卷 1,版心第 6 页。
④《海州志》卷 1,版心第 6 页。
⑤《太平寰宇记》卷 22,第 463—464 页。

年(285),青、梁、幽、冀旱灾[1],此次旱灾在 4 处又发生 10 处大水,导致百姓庐舍毁损[2]。复立赣榆故城可以收北方南下,或浮海而来的流民,以省弃之地、省弃之城安置。

东海县北县北三十七里巨平山南领上的吕母固:

> 《后汉书》云:"琅邪海曲有吕母者,子为县吏,犯小罪,宰论杀之。母密聚客得数十百人,入海中,招纳亡命,众至数千,执县宰斩之,复还海中。保此为固,遂号吕母固。[3]"

因东海县此时还是郁州岛,浮于海上,故吕母在岛上巨平山设立此一据点。

在东海县北 24 里有废艾不城,为田横避难,汉使艾不追横而筑,晋移赣榆县于此。北齐天保元年(550)省弃[4]。废艾不城东北面为田横固,在东海县东北 61 里小匾山,"孤峰特秀。三面壁立,俯临深溪,惟有东隅才近人行,累石为城",田横在此设立营地[5]。废艾不城与田横固距离 37 里,因田横与艾不而设立。

东海县的县理城,在郁州岛上:

> 《山海经》云:"郁州在海中。"郁即郁。《水经注》云:"朐县东北海中有大洲,谓之郁州。"昔有道者,学徒十人,游于苍梧郁洲之上,数百年皆得至道。其山自苍梧徙至东海之上。

---

[1] 《通鉴》卷 81,晋武帝太康 6 年(285),第 2590 页。
[2] 《晋书》卷 3,第 76 页。
[3] 《太平寰宇记》卷 22,第 463—464 页。
[4] 《太平寰宇记》卷 22,第 463 页。
[5] 《太平寰宇记》卷 22,第 464 页。

今犹有南方草木生焉。故崔琰《述初赋》云："郁洲者,故苍梧山也。"故老传言:此岛上人,皆先是糜家之棣。今有牛栏一村,旧有糜家庄,牧者犹祭之,呼曰糜郎。临祭之日,着犁辕,执鞭耕。"又言:"初取妇者,必先见糜郎,否则为祟。"宋泰始三年,于岛南陲筑城置青州,即今县理城是也①。

县理城在海中,曾有道士在岛上修练,郁州岛为苍梧山,其先民为三国糜竺的家棣,郁州岛南修筑县理城,其目的为侨治青州,因宋明帝失淮北。海州怀仁县,为汉赣榆县地,沭阳县本汉厚丘县地,在其县北 45 里有厚丘故城②。沭阳县南 3 里有下城,为"梁武帝置僮阳郡,领下城等县,后郡县皆废,今城犹存③"。

海州地区为什么军政建设相对较少,是因为在魏晋南北朝时,属于南北交界地带,南北双方在此建设的不多,纵有建设也会因为战争摧毁。到了隋唐时期,海州以港口交通为主,重心发展放在经济上面。

楚州有赵立死于王事,而海州也有魏胜死于王事,起于海州,亡于楚州,就《宋史·魏胜传》文本节略如下:

　　魏胜字彦威,淮阳军宿迁县人。多智勇,善骑射,应募为弓箭手,徙居山阳。绍兴三十一年,金人将南侵,聚刍粮,造器械,籍诸路民为兵。胜跃曰:"此其时也。"聚义士三百,北渡淮,取涟水军,宣布朝廷德意,不杀一人,涟水民翕然以听。遂取海州。

---

① 《太平寰宇记》卷 22,第 465—466 页。
② 《太平寰宇记》卷 22,第 466—467 页。
③ 《太平寰宇记》卷 22,第 468 页。

（魏）胜权知州事，遣人谕朐山、怀仁、沭阳、东海诸县，皆定。乃蠲租税，释罪囚，发仓库，犒战士；分忠义士为五军，纪律明肃，部分如宿将。胜自兼都统制，益募忠义以图收复，远近闻之响应，旬日，得兵数千。

金人遣同知海州事蒙恬镇国以兵万余取海州，抵州北二十里新桥。胜帅兵出迎之，设伏于隘，阵以待。众殊死战，伏发，贼大败，杀镇国，馘千人，降三百人，军声益振。山东之民咸欲来附，胜传檄招谕，结集以待王师之至。

金主亮举兵渡淮，虑胜睨其后，分军数万来攻……一日黎明，乘昏雾，四面薄城急攻。胜激厉士卒，竭力捍御，矢石交下。城上镕金液，投火牛。金兵不能前，多死伤，乃拔砦走。距海州为长垣，包州城于中，使不能出。及亮死，乃解去。

胜善用大刀，能左右射，旗揭曰"山东魏胜"，金人望见即退走。胜为旗十数，书其姓名，密付诸将，遇鏖战即揭之，金兵悉避走。初，胜起义时，无州郡粮饷之给，无府库仓廪之储。胜经画市易，课酒榷盐，劝粜豪右。环海州度视敌兵攻取处，筑城浚隍，塞关隘，在军，未尝一日懈弛，恒如寇至。方纠集远迩，犒劳士卒，期约有日，会金主亮被弑，金兵北归，王师亦南还矣。

呼（魏）胜至镇江计事，罢其职，改京东路马步军副总管、都督府统制，建康府驻札。既而督府知和仲所诬，罢之，复胜旧职，仍遣镇江御前后军屯海州，代前军还镇江。胜既还海州，镇抚一方，民安其政。改忠州刺史。海州城西南枕孤山，敌至，登山瞰城中，虚实立见，故西南受敌最剧。胜筑重城，围山在内，寇至则先据之，不能害。

　　(隆兴)二年,以议和撤海州戍,命胜知楚州,以本州岛官吏及部兵赴新治。诏胜同淮东路安抚使刘宝、知高邮军刘敏措置盱眙军、楚州一带,胜专一措置清河口。时和议尚未决,金兵乘其懈,以舟载器甲糗粮自清河出,欲侵边。胜觇知之,身帅忠义士拒于清河口。金兵诈称欲运粮往泗州,由清河口入淮。胜知其谋,欲御之,都统制刘宝以方议和,不许。金骑轶境,胜率诸军拒于淮阳,自卯至申,胜负未决。金军增生兵来,胜与之力战,又遣人告急于宝。宝在楚州,相距四十里,坚谓方讲和,决无战事,迄不发一兵。胜矢尽,救不至,犹依土阜为阵,谓士卒曰:"我当死此,得脱者归报天子。"乃令步卒居前,骑为殿,至淮阴东十八里,中矢,坠马死,年四十五。

　　事闻,赠保宁军节度使,谥忠壮。时淮南未平,诏于镇江府江口镇立庙,赐号褒忠,仍俟事定更祠于战没处。且令有司刻木以敛,葬于镇江。官其二子,郊武功大夫、忠州刺史,昌承信郎。赐银千两,绢千匹,宅一区,田百顷。其后使者过淮东,始得其详,还言于朝。以刘宝不出救兵,削两镇节钺,没入家赀,贬琼州死。胜所纠集忠义,有为贾和仲诱隶别屯及撤戍隔绝者,尚五千余人,入京口屯驻前军①。

魏胜以武勇,起义军,收海州,以海州抵御金兵入侵,金主完颜亮侵略。魏胜以武勇忠义,勤于王事,深得民众信赖,然先阻于贾和仲,后亡于刘宝见死不救,力竭战死。《宋史·魏胜传》,除了反映魏胜的武勇忠义以外,然宋代重文轻武,竭力提防武人,魏胜忠义军,先辈贾和仲分拆,余部5000人充京口屯驻前军。刘宝的见死

---

① 《宋史》卷368,《魏胜传》,第11455-11462页。

不救，与极力阻止魏胜设防，黄宽重注意到，这是因为主和派急于求和，撤除防备所导致，魏胜战死后，宋藩篱尽失，只能遣使求和①。南宋议和都需害死忠武的将领以为祭品，促成议和的成功，前害岳飞、后害魏胜，而终成议和，真是令人无言。然魏胜这个宿迁人，竭尽全力，以武勇捍卫国家之精神，忠于国，保家乡的做法，还是值得钦佩的。赵立与魏胜都是淮泗地区，武勇忠于王事的代表。

---

① 黄宽重：《南宋高宗孝宗之际的抗金义军》51 本 3 分，《中研院史语所集刊》，1980 年，第 564—565 页。

第三章

淮泗地区的经济与社会

第一节　淮泗地区的楚州与泗州

一、楚州

在谈到楚州前先谈论淮阴的经济,不能不提到这里是个盛产稻米的地方,临淮守险,有"平阳石鳖,田稻丰饶"[①]。既然这边盛产稻米,淮阴在淮河之南,也盛产渔,故此地为鱼米之乡,这可以看到李嘉祐的诗"渔网平铺荷叶,鹭鸶闲步稻苗[②]"。平阳石鳖是东晋荀羡镇淮阴时,屯田于"东阳石鳖[③],公私利之"[④],所以称为石鳖屯。北齐废帝干明时期,尚书左丞苏珍芝,议修石鳖等屯,岁收

---

① 《南齐书》卷14,《州郡上》,第257页。
② (清)彭定求等编:《全唐诗》卷207,北京:中华书局,2003年,第2167页。李嘉祐《自田西忆楚州使君弟》。
③ 《晋书》卷75,《荀羡传》,第1981页。
④ 《晋书》卷26,《食货志》,第792页。

数万石。自是淮南军防,粮廪充足①。自荀羡到苏珍芝,石鳖屯盛产稻米,故田稻丰饶,对淮安的军食贡献颇多。北魏南侵长江边时,亦抢食平越、石鳖二屯谷②。前面提到的"临淮守险",顾建国关注到建城有助于人口聚集、开垦农业与馆舍驿站的建设,而"临淮守险"就是其动力③。

楚州淮阴地区的田稻丰硕与水利设施有关,唐朝在淮南修建农田水利设施,前期在扬州江都县跟楚州宝应县修筑,后期水利成就更多如扬州江都县、高邮县,楚州山阳、宝应、淮阴,润洲丹阳等地④。大量的水利措施,造就了农业的兴盛。

楚州宝应县的白水陂,即为农田水利设施之一:

> 邓艾所立,与盱眙破釜塘相连,开八水门立屯,溉田二千顷。大业末,破釜塘坏,水北入淮,白水塘因亦竭涸。今时雨调适,犹得灌田⑤。

邓艾利用白水陂与盱眙破釜塘连结,引水灌溉两千顷,唐宋时期仍供水以为农业发展之用。

既然楚州盛产稻米,这边也有营田,关于此可参见刘禹锡《为淮南杜相公论废楚州营田表》,因为皇帝派遣中使来询问楚州营田存废与否,刘禹锡代为答诏:

---

① 《隋书》卷 24,《食货志》,第 676—677 页。
② 《宋书》卷 74,《臧质传》,第 1912 页。
③ 《江苏地方文化史·淮安卷》,第 87 页。
④ 史念海:《河山集》5,第 196 页。
⑤ 《太平寰宇记》卷 124,第 2463 页。

今则徒有縻费,鲜逢顺成。刈获所收,无裨于国用;种粮
每阙,常假于供司。较其利害,宜废已久。比来循守旧制,不
敢轻有上陈。皇明鉴微,特革斯弊。取其田蓄,授彼黎蒸。
仍俾薄租,诚为至当。但以田数虽广,地力各殊。须量沃瘠,
用立程度①。

营田主要在唐宋时期,是为了安置流民,发展生产、充实国库②。
刘禹锡的主张首先是楚州营田,徒有縻费,无助于充实国库,建议
按照土地肥沃与否,租给人民耕种。营田的优点在于"以资军食,
不率于民,众皆悦之"③,同时可以增加补充政府经费,"以其营田
纳粟二十万石,以裨经费故也"④。

关于楚州的营田可以看到薛珏,他担任楚州刺史,楚州营
田使:

迁楚州刺史、本州岛营田使。先是,州营田宰相遥领使,
刺史得专达,俸钱及他给百余万,田官数百员,奉厮役者三千
户,岁以优授官者复十余人。珏皆条去之,十留一二,而租入
有赢。为观察使诬奏,左授硖州刺史,迁陈州刺史⑤。

当时的营田,为遥领的使相、地方刺史的小金库,每年可以提供钱
物百万余。另外可以提供营田官员数百人,每年可以有十余人,

---

① 刘禹锡:《刘禹锡集》卷13,第146页。
② 翟麦玲、谢丽:《辨析唐代的营田与屯田》,《中国农史》,2008年第一期,第41页。
③ 《旧唐书》卷112,《李复传》,第3335页。
④ 《旧唐书》卷161,《杨元卿传》,第4229页。
⑤ 《旧唐书》卷185下,《良吏传》,第4827页。

获得"优授",提供给他们加薪升官之路。当然薛珏影响了楚州的太多的既得利益者,所以被贬官。

从刘禹锡的代奏,我们可以看到,因为营田获利太差,故请废营田,以地租给百姓获利,按照土地肥沃程度收租。在薛珏这,我们可以看到楚州的小金库,每年可以上供钱物百万余。薛珏在唐德宗建中初,因在楚州去烦政简,被加中散大夫①。淮南杜相公,应为杜佑,杜佑在唐德宗贞元3年,迁为礼部尚书、扬州大都督府长史,充淮南节度使,唐德宗元和元年册拜司徒②。刘禹锡除了《为淮南杜相公论废楚州营田表》外,另有《为杜司徒让度支盐铁使等表》、《为杜司徒谢追赠表》、《为杜司徒让淮南力去思碑表》③,都是为杜佑所作。故可得知,楚州营田自薛珏削减后,已经无法获利,导致杜佑时期必须废营田,改以田租百姓获得经费。

江淮地区地跨南北,北方以粟麦为主,南方以稻米为主。宋元时期江南麦的种植变得普遍,所以面粉类制品开始兴盛④。淮泗地区因为地跨南北,所以深受南北饮食的影响,在楚州(淮安)可以吃到面跟饭,但楚州以北的徐州,却以北方面食为主,餐厅未必会提供白米饭。在3—10世纪,粟米跟稻米、小麦都是常见的作物⑤。宋代进行农具的改进,让田亩产量提升,如江东犁,在灌溉上翻车与筒车的应用,也增加了灌溉的面积,江南地区更是广泛使用水车⑥。弄具跟灌溉工具的改进,对于淮泗地区的农业产量,起了增加的效果。

---

① 《旧唐书》卷185下,《良吏传》,第4827页。
② 《旧唐书》卷147,《杜佑传》,第3978—3979页。
③ 刘禹锡:《刘禹锡集》卷13,第146、152—154页。
④ 《江苏通史》宋元卷,第443—444页。
⑤ 《马可波罗行纪》,第343页。
⑥ 《江苏通史》宋元卷,第488页。

　　射阳湖与洪泽在唐代宗大历 3 年(768),设置官屯,后因岁收
减少而停废①。这是在湖边设置官田,以屯田,这说明在唐代有围
湖造田的做法,然后因岁收逐渐减少而罢废。

　　除了楚州的农业外,王贯之引海州石闼堰的水入涟水军,开
辟民田:

> 　　(天禧)四年,淮南劝农使王贯之导海州石闼堰水入涟水
> 军,溉民田;知定远县江泽、知江阴军崔立率民修废塘,浚古
> 港,以灌高仰之地。并赐诏奖焉②。

除了引堰水以外,还修葺荒废的坤塘,疏浚古港,为海州的经济作
出贡献。

　　赵伯昌的建言,讲到了楚州一带的状况:

> 　　(淳熙)年,提举淮南东路常平茶盐赵伯昌言:"通州、楚
> 州沿海,旧有捍海堰,东距大海,北接盐城,袤一百四十二里。
> 始自唐黜陟使李承实所建,遮护民田,屏蔽盐灶,其功甚大。
> 历时既久,颓圮不存。至本朝天圣改元,范仲淹为泰州西溪
> 盐官日,风潮泛溢,渰没田产,毁坏亭灶,有请于朝,调四万余
> 夫修筑,三旬毕工。遂使海濒沮洳舄卤之地,化为良田,民得
> 奠居,至今赖之。自后寖失修治,才遇风潮怒盛,即有冲决之
> 患。自宣和、绍兴以来,屡被其害。阡陌洗荡,庐舍漂流,人
> 畜丧亡,不可胜数。每一修筑,必请朝廷大兴工役,然后可

---

① 《太平寰宇记》卷 124,第 2461 页。
② 《宋史》卷 96,《河渠志》,第 2380 页。

办。望令淮东常平茶盐司：今后捍海堰如有塌损，随时修葺，
务要坚固，可以经久。"从之[1]。

在楚州一带有捍海堰，东距大海，北接盐城。这捍海堰为唐代李
承实所修，其目的是一方面保护民田，一方面保护盐业。此堰修
复后，还可以使"海濒沮洳焉卤之地，化为良田"。海边的地因为
捍海堰的关系，减少海水侵蚀，在减去海水中盐分的侵扰，逐渐去
盐化后，就会变成良田。然这捍海堰只要塌损，就必须维修，赵伯
昌建言时，以 4 万余人，历时 3 旬(一个月)修复，此应为繇役。

楚州除了农业收入外，也有食盐收入，从长孙佐辅《楚州盐墦
古墙望海》[2]。可以看到楚州有盐墦古墙。唐代楚州辖有盐城县，
该县古为盐亭，为历代海岸煎盐之所，汉代为盐渎县[3]，渎为小
渠[4]。汉代开发盐渎县，应该是运盐的小渠，或海水引盐的小渠，
总之是煮盐的开始。晋安帝改为盐城县，该县居民以渔盐为业，
擅利巨海，公私商运充实，四远舳舻往来，恒以千许，汉代吴王濞
得以富国强兵的根本。

《江苏通史》宋元卷，关注到宋代时期，江淮地区制盐技术发生
了突破，首先是发现使用皂角，放入煎煮盐锅之中，可以加速盐的结
晶，节约燃料跟劳动力。其次是苏北盐民改造铁盘，将传统一片式
的铁盘，改造成由多块铁片组装而成，可自由分合，将每镬十几斤盐
的产量，提升为百十斤。其三更创造出"晒灰采卤法"，增加一成出

---

① 《宋史》卷 97，《河渠志》，第 2394 页。
② 《全唐诗》卷 469，第 5336 页。
③ 《太平寰宇记》卷 124，第 2464 页。
④ 《史记》卷 84，《屈原贾生列传》，第 2495 页。司马贞《索引》。

盐率,楚州的盐产量从 27 万增加到了 41 万①。宋代制盐技术的改
善,增加了淮泗地区盐的产量,提高了本区在盐税上的重要性。

楚州往南通往高邮之间,"陂湖渺漫,茭葑弥满",所以需要修
建堤堰:

> 绍熙五年,淮东提举陈损之言:"高邮、楚州之间,陂湖渺
> 漫,茭葑弥满,宜创立堤堰,以为潴泄,庶几水不至于泛溢,旱
> 不至于干涸。乞兴筑自扬州江都县至楚州淮阴县三百六十
> 里,又自高邮、兴化至盐城县二百四十里,其堤岸傍开一新
> 河,以通舟船。仍存旧堤以捍风浪,栽柳十余万株,数年后堤
> 岸亦牢,其木亦可备修补之用。兼扬州柴墟镇旧有堤闸,乃
> 泰州泄水之处,其闸坏久,亦于此创立斗门。西引盱眙、天长
> 以来众湖之水,起自扬州江都,经由高邮及楚州宝应、山阳,
> 北至淮阴,西达于淮;又自高邮入兴化,东至盐城而极于海;
> 又泰州海陵南至扬州泰兴而彻于江:共为石礛十三,斗门七。
> 乞以绍熙堰为名,镌诸坚石。"淮田多沮洳,因损之筑堤捍之,
> 得良田数百万顷。奏闻,除直秘阁、淮东转运判官②。

陈损之的建议是修扬州江都到楚州淮阴 360 里,与高邮到盐城
240 里。最终修堤堰得了良田数百顷。堤堰除了可以通船、防洪
浪,在堤上栽植柳树,又可以有观光之利。

从史料可以看到在楚州有转运仓,各地的漕卒运到仓后就回

---

① 李天石:《江苏通史》宋元卷,南京:凤凰出版社,2012 年第 193—194 页。
② 《宋史》卷 97,《河渠志》,第 2395 页。

去了①：

> 江、湖上供米，旧转运使以本路纲输真、楚、泗州转般仓，载盐以归，舟还其郡，卒还其家。汴舟诣转般仓运米输京师，岁折运者四②。

另外《宋会要辑稿》提到转般仓有，"分调舟船，计纲泝流入汴至京师，发运使领之"③。除了转般仓的制度，楚州还设有"楚州粮料院"，范仲淹就曾担任过此官④。孙正卿也担任过此官：

> 迁官知楚州粮料院。郡仓积米五十万，陈腐不可食，主吏皆惧法，毋敢轻去，长卿为酌新旧均粜之，吏罪得免⑤。

孙正卿掌管粮料院，有积米 50 万，孙正卿将其处理掉了，避免小吏获罪。然楚州的粮料院储藏米 50 万石，转般仓亦有粮，这里突显了楚州的仓米在转漕上的重要性。然粮料院虽重要，但官品不高，故《宋史》仅有两例，且都为楚州粮料院。

宋代设转般仓，有了转漕，但这不代表唐代就没有转漕，而是基于唐代的基础上，再进一步设仓管理。唐代宗大历 4 年敕："今关辅垦田渐广，江淮转漕常加，计一年之储，有太半之助，其于税地，固可从轻。⑥"敕中提到，因为官府垦田增加，所以占一年之储

---

① 《江苏省通志稿》古迹卷卷 4，第 41 页。
② 《宋史》卷 175，《食货志上三》，第 4252 页。
③ 《宋会要辑稿》补编，转漕一，第 556—2 页。
④ 《宋史》卷 314，《范仲淹传》，第 10267 页。
⑤ 《宋史》卷 331，《孙正卿传》，第 10641 页。
⑥ 《旧唐书》卷 48，《食货上》，第 2092 页。

的一半,因此江淮转漕常加占另外一半,可以供给唐代中央一年之储的半数,足见江淮转漕的重要性。江淮转漕,楚州是不可缺少的一个环节。

唐宪宗时期,淮颍水运使要转运扬子院的藏米,因此:

> 自淮阴沂流至寿州,四十里入颍口,又沂流至颍州沈丘界,五百里至于项城,又沂流五百里入溵河,又三百里输于郾城。得米五十万石,芟一千五百万束。省汴运七万六千贯①。

自淮阴起运,经寿州、颖州,抵达郾城,运量为米 50 万石,这代表扬州扬子院藏米为 50 万石,与楚州粮料院藏米数量相当。

顾建国关注到涟河入淮的涟口区域(今淮安涟水县),因作为江淮沟通齐鲁的要道,因而成为淮北重镇②。楚州的漕运发达,带动附近涟水地区的发展。

楚州的北山阳湾因汛急,故宋代刘蟠领头,乔维岳继之,开了沙河:

> 初,楚州北山阳湾尤迅急,多有沈溺之患。雍熙中,转运使刘蟠议开沙河,以避淮水之险,未克而受代。乔维岳继之,开河自楚州至淮阴,凡六十里,舟行便之③。

沙河的修筑,自楚州至淮阴 60 里,航运便利,然沙河在明代淤积后,由陈瑄以沙河故渠,重修了清江浦:

---

① 《旧唐书》卷 15,《宪宗本纪》,第 458 页。
② 《江苏地方文化史:淮安卷》,第 87 页。
③ 《宋史》卷 96,《河渠志》,第 2379 页。

（陈）瑄访之故老，言："淮城西管家湖西北，距淮河鸭陈口仅二十里，与清江口相值，宜凿为河，引湖水通漕，宋乔维岳所开沙河旧渠也。"瑄乃凿清江浦，导水由管家湖入鸭陈口达淮。十三年五月，工成①。

陈瑄开凿清江浦后，至今仍然是里运河的范围，清江浦的闸口至今仍存，为若飞桥，若飞桥左侧为清江闸世界遗产标志所在。刘蟠倡议所修的沙河段，乔维岳继之，陈瑄开凿的清江浦，这段河道至今仍为淮安的旅游景区，为淮安增添了几分风采。

图 3-1-1 清江闸(许峻维自摄)

漕运一直是历代朝廷重视的事情，在宋代除了修筑沙河以外，还修复港口、埠塘之类的，方便运输：

九年正月壬午，刘瑾言："扬州江都县古盐河、高邮县陈

---

① （清）张廷玉：《明史》卷85，北京：中华书局，2015年，《河渠志》，第2081页。

公塘等湖、天长县白马塘沛塘、楚州宝应县泥港射马港、山阳
县渡塘沟龙兴浦、淮阴县青州涧、宿州虹县万安湖小河、寿州
安丰县芍陂等,可兴置,欲令逐路转运司选官覆按。"从之①。

刘瑾的建言,关于淮泗地区相关的有楚州宝应县泥港射马港、山
阳县渡塘沟龙兴浦、淮阴县青州涧,这三处地方的修筑,有助于漕
运。然而关于漕运方面的建设不只如此,为了避长淮之险,开凿
了龟山运河:

> (元丰)六年正月戊辰,开龟山运河,二月乙未告成,长五
> 十七里,阔十五丈,深一丈五尺。初,发运使许元自淮阴开新
> 河,属之洪泽,避长淮之险,凡四十九里。久而浅涩,熙宁四
> 年,皮公弼请复浚治,起十一月壬寅,尽明年正月丁酉而毕,
> 人便之。至是,发运使罗拯复欲自洪泽而上,凿龟山里河以
> 达于淮,帝深然之。会发运使蒋之奇入对,建言:"上有清汴,
> 下有洪泽,而风浪之险止百里淮,迩岁溺公私之载不可计。
> 凡诸道转输,涉湖行江,已数千里,而覆败于此百里间,良为
> 可惜。宜自龟山蛇浦下属洪泽,凿左肋为复河,取淮为源,不
> 置堰闸,可免风涛覆溺之患。"帝遣都水监丞陈佑甫经度。佑
> 甫言:"往年田棐任淮南提刑,尝言开河之利。其后淮阴至洪
> 泽,竟开新河,独洪泽以上,未克兴役。今既不用闸蓄水,惟
> 随淮面高下,开深河底,引淮通流,形势为便。但工费浩大。"
> 帝曰:"费虽大,利亦博矣。"佑甫曰:"异时,淮中岁失百七十
> 艘。若捐数年所损之费,足济此役。"帝曰:"损费尚小,如人

①《宋史》卷96,《河渠志》,第2381页。

命何。"乃调夫十万开治,既成,命之奇撰记,刻石龟山。后至建中靖国初,之奇同知枢密院,奏:"淮水浸淫,冲刷堤岸,渐成垫缺,请下发运司及时修筑。"自是,岁以为常。①"

此运河历经许元、皮公弼、罗拯三人的努力下,得以通行。此运河从淮阴到洪泽,长 57 里。龟山运河的开凿利于淮阴到洪泽的漕运运输。除了开凿新河,对于旧有河道进行整治,如元丰 7 年(1084)对疏浚真、楚运河②的整治。

天禧 2 年(1018)修扬州古河,直接明载了自真州、扬州,入淮汴,有"粮载烦于剥卸,民力罢于牵挽,官私船舰,由此速坏"的问题,因此修扬州古河:

> (天禧)二年,江、淮发运使贾宗言:"诸路岁漕,自真、扬入淮、汴,历堰者五,粮载烦于剥卸,民力罢于牵挽,官私船舰,由此速坏。今议开扬州古河,缭城南接运渠,毁龙舟、新兴、茱萸三堰,凿近堰漕路,以均水势。岁省官费十数万,功利甚厚。"诏屯田郎中梁楚、合门只候李居中按视,以为当然。明年,役既成,而水注新河,与三堰平,漕船无阻,公私大便③。

扬州古河的修筑,使得漕运可以便利,省去装卸与纤夫拉船的困境,顺畅无阻。扬州的漕运条件改善了,对楚州、泗州一带也会有所帮助。

---

① 《宋史》卷 96,《河渠志》,第 2381—2382 页。
② 《宋史》卷 96,《河渠志》,第 2382 页。
③ 《宋史》卷 96,《河渠志》,第 2380 页。

宣和三年(1121)的诏书,点明了江淮运河的现状:

> (宣和三年)四月,诏曰:"江、淮漕运尚矣。春秋时,吴穿邗沟,东北通射阳湖,西北至末口。汉吴王濞开邗沟,通运海陵。隋开邗沟,自山阳至扬子入江。雍熙中,转运使刘蟠以山阳湾迅急,始开沙河以避险阻。天禧中,发运使贾宗始开扬州古河,缭城南接运渠,毁三堰以均水势。今运河岁浅涩,当询访故道,及今河形势与陂塘潴水之地,讲究措置悠久之利,以济不通。可令发运使陈亨伯、内侍谭稹条具措置以闻①。"

春秋时期吴国开邗沟,汉代吴王濞修复邗沟,使其能运往海陵。隋文帝再修邗沟,使邗沟恢复自山阳到扬子,入长江。宋代刘蟠修沙河,贾宗修复扬州古河,到了宣和3年(1121),漕运河道又淤积了,故下诏找寻漕运故道,将之修葺通畅之。宣和诏书告诉我们,运河是必须常常疏浚的,久之不疏浚,就会被泥沙淤积,变成故道。然故道经过再度修葺,又能够恢复漕运。例如前面提到的沙河,清代至今的清江浦,至今仍为里运河。只是以往的交通运输,现今变成观光与文化旅游的媒介。

二、泗州

宋代楚州、泗州为造船厂所在,漕船制造量大,且载重量也大,因为漕运交通便利,此处也是榷场贸易的所在,宋金对峙后,

---

① 《宋史》卷96,《河渠志》,第2388—2389页。

宋的盱眙军与金的泗州是榷场贸易最兴盛的地方①。盱眙军与泗州都是以前大泗州的范围，延续了泗州的繁荣。

关于泗州的繁荣可以回头，从北宋-梅尧臣的《泗州郡圃四照堂》一诗，可以看出：

> 官舻客舳满淮汴，车驰马聚无闲时。岂有余力事栋宇，后园荒草长离离。朱侯下车百职举，亦治宴豆频游嬉。梁冠爵弁各得礼，道路溢誉亡高卑。因隙作堂名四照，虚光转纳娥与羲。面面悬窗夹花药，春英秋蕊冬竹枝。射埒宽阔习武事，镜沼清浅吹文漪。侯之此意宁自乐，夷情劳士俱忘疲。后来出口勤洒扫。莫作厮圬生蒿莱。②

"官舻客舳满淮汴，车驰马聚无闲时"写道泗州的船运交通便利，路上车马运输繁盛，足见泗州的繁忙与繁荣。泗州本地盛产桑麻，土产为绵、绢、赀布、絁③。泗州的交通便利，将本地特产销售出去。加上泗州玻璃泉上酒得好水所酿，从杨万里《题盱眙军玻璃泉》：

> 清如淮水未为佳，泉迸淮山好煮茶。熔出玻璃开海眼，更和月露瀹春芽。仰看绝壁一千丈，削下青琼无点瑕。从事不浇愁肺渴，临泓带雪吸冰花。④

---

① 《江苏通史》宋元卷，第201,218页。
② 朱东润校注：《梅尧臣集编年校注》，上海：上海古籍出版社，1980年，第852—853页。
③ 《太平寰宇记》卷16，第312页。
④ 《杨万里集校笺》卷27，第1406—1407页。

我们可以知道玻璃泉的泉水极佳,适合煮茶,当然酿酒也是不错的选择。泗州的港口运输便利,也将泗州名酒借由水路推销出去。

元代马可波罗的《马可波罗行纪》中记录了马可波罗所看到的邳州与泗州。也看到了楚州、海州、宝应、泰州等地。虽然这里使用元代的史料有些不恰当,但可以借马可波罗所亲眼看过的世界,想象一下昔日的这些淮泗城市风光,当然在下一章诗人的诗中也记载了一部分。马可波罗写道,抵达邳州后,此城"大而富贵,工商业颇茂盛,产丝甚饶①"邳州的丝织业盛行,泗州(含邳州)在唐代的赋为绢、布②。在宋代为绵、绢、赀布、絁③。综上从唐代至元代,泗州都产丝织品,正如马可波罗亲眼所见,当然因为战乱的关系,或有所挫折,但当地的自然环境,仍旧能支撑丝织业的复苏,否则不会唐、宋、元都记载泗州产丝织品。

马可波罗在离开邳州后,往南骑行两天会抵达西州(泗州④),沿路经过"美丽丰饶之地,颇有带羽毛的猎物⑤",这代表沿途植被与动物们生长得不错。马可波罗到泗州城后,发现这城市"大而华富,营工商业",此地附近一带有"极广的田亩与美丽的平原,盛产小麦及其他谷物⑥"。离开泗州城后,往南骑行,会看到美地、美村、美聚落、美农舍,与垦殖的田亩,产有小麦、其他谷物与野味⑦。马可波罗的描述为泗州通往淮安的描述,然后会抵达哈喇木连大

① 沙海昂注:《马可波罗行纪》,台北:台湾商务出版社,2000 年,第 342 页。
② (唐)李吉甫:《元和郡县图志》卷 9,北京:中华书局,2005 年,第 231 页。
③ 《太平寰宇记》卷 16,第 312 页。
④ 《马可波罗行纪》,第 344 页。注考订的结果为泗州。
⑤ 《马可波罗行纪》,第 343 页。
⑥ 《马可波罗行纪》,第 343 页。
⑦ 《马可波罗行纪》,第 343 页。

河,也就是黄河,因为黄河夺淮,这为以前的淮河河道。现今淮安仍有废黄河,即此河。在废黄河两岸有一个大城跟小城,大城是淮安州,小城是海州①。马可波罗对于淮安,有专章描述,他形容淮安是一个大城市,这城市有"船舶甚众,并在黄色大河上",这个城市是府治所在,故"货物甚众,辐辏于此",淮安还产盐,可供其他40座城使用,让大汗可以收入甚巨②。马可波罗的描述,显示淮安延续前文提到的,有大量的盐与漕运的交通之利。

　　马可波罗从淮安往东南骑行会分别经过宝应县城跟高邮城,淮安通往宝应城是沿堤骑行,这堤是宋真宗时所修建的长堤③。宝应城商工发达,"有丝甚饶,用织金锦丝绢,种类多而且美,凡生活必需之物皆甚丰饶④"。宝应属于淮安,前文也提及此名称与唐代宗楚州献宝一事有关。高邮城与宝应相似,也是工商业发达,生活必需之物丰饶,此外还盛产鱼跟野味⑤。从高邮出发,会经过泰州,沿路有村庄农舍与田亩,此地也产盐⑥,马可波罗在提及泰州时,还提及真州城。从泰州往东南骑行一日可抵达扬州城,城很广大,所属27城,皆良城⑦。扬州的繁荣,到了马可波罗离开中国后约35年,修士翰朵里克经过扬州时,也在他的行纪写道此城甚大,有52万户居住,且船舶甚众⑧。马可波罗的描述为从淮安到扬州的陆路状况,此可做为两地之间交通的补充。从淮安往东

---

① 《马可波罗行纪》,第 343 页。
② 《马可波罗行纪》,第 350 页。
③ 《马可波罗行纪》,第 352—354 页。正文含注释 1。
④ 《马可波罗行纪》,第 352 页。
⑤ 《马可波罗行纪》,第 354 页。
⑥ 《马可波罗行纪》,第 355 页。
⑦ 《马可波罗行纪》,第 357 页。
⑧ 《马可波罗行纪》,第 358 页。注释 3。

南骑行 1 日抵达宝应,从宝应往东南骑行 1 日抵达高邮,从高邮往东南骑行 1 日抵达泰州,从泰州往东南骑行 1 日抵达扬州①,所以从淮安骑行到扬州要 4 日,且沿路充满田园风光,也可以打野味来吃。

苏轼在《论积欠六事并乞检会应诏四事一处行下状》一文中提到:

> 臣顷知杭州,又知颍州,今知扬州,亲见两浙、京西、淮南三路之民,皆为积欠所压,日就穷蹙,死亡过半。而欠籍不除,以至亏欠两税,走陷课利,农末皆病,公私并困。以此推之,天下大率皆然矣。臣自颍移扬州,过濠、寿、楚、泗等州,所至麻麦如云。臣每屏去吏卒,亲入村落,访问父老,皆有忧色。云:"丰年不如凶年。天灾流行,民虽乏食,缩衣节口,犹可以生。若丰年举催积欠,胥徒在门,枷棒在身,则人户求死不得。"言讫,泪下。臣亦不觉流涕。又所至城邑,多有流民。官吏皆云:"以夏麦既熟,举催积欠,故流民不敢归乡。"②

苏轼在发文时为"龙图阁学士左朝奉郎知扬州",所以苏轼亲身前往了楚州、泗州等地,该文虽然主要讲的是两税的积欠问题,然还是可以作为北宋元祐年间该地区的经济参考。苏轼在从颍州前往扬州的路上,发现所到之处麻麦如云,这表明农业相当兴盛,与马可波罗的形容相似(有小麦与其他谷物)。然而这个表象的背

---

① 《马可波罗行纪》,第 352,354,355,357 页。
② 《苏东坡全集》册 3,第 1562—1573 页。

后,也就是苏轼要探讨的积欠问题。

苏轼所提到的积欠问题,这里可以以唐宋四个地区的户口数略作参考,参见下表

表唐宋四个地区户口数①

地区	开元	元和	宋代
楚州	14748*		主 10578,客 13839
泗州	30350,37526*	4015	7330,14596
徐州	49720,46700*	3858	16846,17580
海州	23728		6088,7246

苏轼的文章里面提到"楚、泗等州,所至麻麦如云",两税法积欠的问题始于唐德宗,在此之前是租佣调法。在唐玄宗开元时期,楚州税户14748户,宋代主户10578户,客户13839户,总共能养活2万多户的人口,有田的约占一半。泗州在开元时期几乎都在三万户左右,到了唐宪宗元和时期,却仅剩下4000户,这是因为安史乱后,战争的影响,户数未能恢复,到了宋代时期主客2万多户,主户7330,客户14596,这代表有田的户数仅剩1/3,另外唐代比宋代多一万户的税收,这代表此一区域,积欠问题会比较严重,所以很多人为了避税来这里种田。徐州在唐代约快五万户,到了元和时期仅剩下3858户,到了宋代总户数3万4千户左右,有田的约占一半。海州在开元时期,还有2万户,到了宋代仅剩下一万多户,有田的约占一半。就表来看,唐宋户数比较,楚州人口户数的恢复算是比较好的,多增加一倍的户数,海州是最差的,

① 唐代户口依据《元和郡县图志》,宋代与*依据《太平寰宇记》。

户口仅剩一半,徐州跟泗州恢复 2/3 左右。相类似的地理环境,然收税户数却有所不同,笔者以为这侧面可以反映出积欠问题是有的,尤其是泗州地区因为交通便利,吸引更多无地的人来这边营生,有田的人仅占户口 1/3。元和时期这户口数仅能反映战争后,对于该地区户口的破坏程度,然又因《元和郡县图志》的残缺,只有徐泗地区的户数。

淮泗地区因为土壤肥沃,所以农业相当兴盛,因为水利交通发达,河运与漕运相当兴盛,故商品会在楚州、泗州、徐州等地交易。在唐代,李袭誉因为江淮"俗尚商贾,不事农业",因此在担任扬州刺史时,兴修水利,发展农业①。故在唐代淮泗地区商业兴盛,也正是因为此地区商业兴盛,故前表中,宋代主客户,淮泗地区,约略一比一,没有田地的客户,可以在此安身。也因为商业兴盛,故商品相当繁多,陈磊关注到,江淮地区养成好豪奢之风,特别是江南(吴中)地区更为严重②。商品的流通,透过笔记跟诗文,行商的路线跟货物会比较稳定,以降低风险③。故每年淮泗地区各口岸的货物种类,大体而言应该相似,本地商业活动相当兴盛。

泗州部分,泗州曾为临淮郡,宋代时期理临淮县,领临淮、盱眙、招信三县④。南宋时期改为盱眙军,辖盱眙、龟山、泗口、都梁⑤。后又改为招信军,管辖盱眙、天长、招信⑥。本书以《太平寰宇记》、《舆地纪胜》、《方舆胜览》进行泗州的探讨。盱眙本地的土

---

① (唐)刘肃:《大唐新语》卷 3,北京:中华书局,2004 年,第 48 页。
② 陈磊:《隋及唐前期江淮社会风俗的特点与转变》,《史林》,2014 年第 3 期,第 31 页。
③ 陈磊:《唐后期江淮地区民间商业的繁荣与风险》,《史林》,2018 年第 6 期,第 42 页。
④ 《太平寰宇记》卷 16,第 310—311 页。
⑤ 《舆地纪胜》卷 44,第 1783 页。
⑥ (宋)祝穆:《方舆胜览》卷 47,北京:中华书局,2003 年,第 839 页。

产,颇有桑麻之业,无林泽之饶。产绵、绢、赀布等①。

第二节　淮泗地区的徐州与海州

一、徐州

徐州的部分,可以参考苏轼的诗文,他在淮泗地区的诗歌以徐州最多 197 首,泗州地区 28 首,海洲地区 13 首,楚州仅 10 首②。关于苏轼在徐州的诗文,管仁福主编的《苏轼徐州诗文辑注》③做了整理。根据《苏轼徐州诗文辑注》苏轼在徐州有诗文 230 篇,诗 193 篇,词 21 首,文章 116 篇④。在这里将以文章为主,诗为辅进行探讨。

首先是苏轼在熙宁 10 年(1077)七月到任,知徐州,《徐州谢上表》:

> 臣轼言。分符高密,已窃名邦;改命东徐,复尘督府。荷恩深厚,抚已兢惭。臣轼〈(中谢)〉……安全陋躯,畀付善地。民淳讼简,殊无施设之方;食足身闲,仰愧生成之赐。顾力报之无所,怀孤忠而自怜。

---

① 《太平寰宇记》卷 16,页 312。
② 罗凤珠:《苏轼文史地理资讯建构》,《图书与资讯学刊》,第 4 卷第 2 期。
③ 管仁福:《苏轼徐州诗文辑注》,江苏:中国矿业大学出版社,2022 年。
④ 《苏轼徐州诗文辑注》,第 1 页。

苏轼之前在密州刺史任上,苏轼是自熙宁 7 年至 10 年(1074—1077)担任的,苏轼 39—42 岁[1]。苏轼是 2 月改知,4 月到任[2],此表作于此时。前面是苏轼感谢皇帝的话语,苏轼提到徐州"民淳讼简","食足身闲",故苏轼对转任徐州是比较满意的。苏轼在徐州任上熙宁 10 年(4077)4 月到任,7 月因黄河决堤,带徐州军民抵御洪水,然后熙宁 11 年(4078)2 月改筑外城防洪,8 月建成黄楼,12 月让人开采石炭,来年 3 月改知湖州[3]。苏轼在徐州短短两年,做了很多事情,就始于《徐州谢上表》。

苏轼在徐州刺史任上,第一件大事是遇到黄河决堤,苏轼带着军民成功抗洪[4],因此写下文章《奖谕敕记》[5]:

> 敕苏某。省京东东路安抚使司转运司奏,昨黄河水至徐州城下,汝亲率官吏,驱督兵夫,救护城壁,一城生齿并仓库庐舍,得免漂没之害,遂得完固事。河之为中国患久矣,乃者堤溃东注,衍及徐方,而民人保居,城郭增固,徒得汝以安也。使者屡以言,朕甚嘉之。

这是皇帝的奖谕也是本篇文章的缘由。苏轼因为率领官员,领导军民抗洪有功,得以保全"生齿并仓库庐舍",没受到水淹之苦,而被皇帝嘉奖。苏轼保全了徐州的人口,财富与建筑,还有仓库的库藏,这给其未来治理徐州留下了资本。笔者以为正是因为保全

---

① 《苏东坡全集》册 1,第 7—8 页。
② 《苏东坡全集》册 1,第 8 页。
③ 《苏东坡全集》册 1,第 8 页。
④ 曾枣庄、舒大刚:《苏东坡全集》册 1,北京:中华书局,2021 年,第 8 页。
⑤ 《苏东坡全集》册 6,第 2886—2887 页。本书第 91—93 页引用苏东坡《奖谕敕记》,出处来于此。

财物,隔年才有修黄楼之举,至于外城是中央补助。

紧接着下面是苏轼描述整个治水的过程:

> 熙宁十年七月十七日,河决澶州曹村埽。八月二十一日,水及徐州城下。至九月二十一日,凡二丈八尺九寸,东西北触山而上,皆清水无复浊流。水高于城中平地有至一丈九寸者,而外小城东南隅不沈者三版。父老云:"天禧中,尝筑二堤。一自小市门外,绝壕而南,少西以属于戏马台之麓;一自新墙门外,绝壕而西,折以属于城下南京门之北。"遂起急夫五千人,与武卫奉化牢城之士,昼夜杂作堤。堤成之明日,水自东南隅入,遇堤而止。水窗六,先水未至,以薪刍为囊自城外塞之。水至而后,自城中塞者皆不足恃。城中有故取土大坑十五,皆与外水相应,并有溢者。三方皆积水,无所取土,取于州之南亚父冢之东。自城中附城为长堤,壮其址,长九百八十四丈,高一丈,阔倍之。公私船数百,以风浪不敢行,分缆城下,以杀河之怒。至十月五日,水渐退,城以全。

黄河水从澶州曹村埽决堤,历经一个月后,洪水抵达徐州,水淹2丈8尺9寸,同时以5000人与武卫等人日夜筑堤,成功阻止洪水。又自城中的附城开始修建长堤,扩大其面积。从8月21日至10月5日历时将近一个半月的洪水,最终获得退去。隔年由中央拨款2410万,动员民夫4023人,加上常平的钱粮,又增加招募民夫3020人,进行工程。其花费总计3044万,米1800于斛,费7043人改筑外小城其文如下:

> 明年二月,有旨赐钱二千四百一十万,起夫四千二十三

人，又以发常平钱六百三十四万，米一千八百余斛，募夫三千
二十人，改筑外小城。创木岸四，一在天王堂之西，一在彭城
楼之下，一在上洪门之西北，一在大城之东南隅。大坑十五
皆塞。已而澶州灵平埽成，水不复至。臣某以谓黄河率常五
六十年一决，而徐州最处汴泗下流，上下二百余里皆阻山，水
尤深悍难落，不与他郡等，恐久远仓卒吏民不复究知，故因上
之所赐诏书而记其大略，并刻诸石。若其详，则藏于有司，谓
之《熙宁防河录》云。

苏轼最后将整个事件写成《熙宁防河录》勒石记录，流传后世。这
篇文章就是《奖谕敕记》。除了外小城外，又修木岸在四处，分别
为：其一天王堂以西，其二彭城楼下，其三为上洪门，其四为大城
东南角。这边分别保留了三个地点的记录，分别为天王堂、彭城
楼、上洪门，仅知道这些是水患区域，得靠木岸加以保护。

　　此外还疏通了因取土而造成的 15 处大坑，这些大坑，河水能
够流进来，故水患来袭时，会成为隐患，此次苏轼也派人填平，解
决隐患。苏轼也归纳总结出了为什么徐州容易淹水的原因，不外
乎地形所导致，而周期为 50—60 年，这也是苏轼撰写文章并刻石
以记录的原因，目的在于警醒后人。徐州的地形由于山势所导致
的聚集影响，水患通常特别严重。

　　苏轼关于徐州领导军民抵抗黄河洪水，还可见《徐州贺河
平表》：

　　　　臣轼言。窃闻黄河决口已遂闭塞者。圣谟独运，天眷莫
违。庶邦子来，民罔告病。万杵雷动，役不逾时。遂消东北
莫大之忧，然后麦禾可得而食。人无后患，喜若再生。臣轼

中谢。伏以大河为灾,历世所病。禹治兖州之野,十有三载乃同;汉筑宣房之宫,二十余年而定。未有收狂澜于既溃,复故道于将埋。俯仰而成,神速若此。恭惟皇帝陛下,至仁博施,神智无方。达四聪以来众言,广大孝以安宗庙。水当润下,河不溢流。属岁久之无虞,故患生于所忽。方其决也,本吏失其防,而非天意;及其复也,盖天助有德,而非人功。振古所无,溥天同庆。维丰、沛之大泽,实汴、泗之所钟。伊昔横流,凛孤城之若块;迨兹平定,蔚秋稼以如云。害既广则利多,忧独深而喜倍。虽官守有限,不获趋外庭以称觞;而民意所同,亦能抒下情而作颂。臣无任。[①]

此文作于黄河缺口堵起来后,"维丰、沛之大泽,实汴、泗之所钟"这里提到汴水跟泗水带给徐州丰、沛一带的大泽补充水量。这些大泽可以分散掉黄河河水,且等黄河水患平定后又带来"蔚秋稼以如云,害既广则利多"。水患虽然带来一些弊端,但也给庄稼补充了一些灌溉水源。

接着看到苏轼《徐州谢奖谕表》,该表将治水的功劳归于皇帝的仁德:

臣轼言。伏奉今月四日敕,以臣去岁修城捍水,粗免疏虞,特赐奖谕者。奔走服勤,人臣之常事;襃称劳勉,学者之至荣。自惟何人,乃辱斯语。臣轼诚惶诚恐稽首顿首。伏念臣学无师法,才与世疏。经术既已不深,吏事又其所短。累忝优寄,卒无异称。宽如定远之言,平平无取;拙比道州之

---

① 《苏东坡全集》册 3,第 1316 页。

政,下下宜然。乃者河决澶渊,毒流淮泗。百堵皆作,盖僚吏之劬劳;三板不沈,本朝廷之威德。而臣下掠众美,上贪天功。独窃玺书之荣,以为私室之宝。此盖伏遇皇帝陛下,天覆四海,子养万民。哀无辜之遭罹,特遣使以存问。既蠲免其赋调,又饮食其饥寒。所以录臣之微劳,盖将责臣之来效乱。臣敢不躬亲畚筑,益修今岁之防;安集流亡,尽复平时之业。庶殚朽钝,少补丝毫。臣无任。[①]

在这段文字中"乃者河决澶渊,毒流淮泗"直接点明了黄河决堤的原因,为了使黄河成为边境澶渊地区的屏障,结果导致淮泗地区深受其害。然而因为皇帝的仁慈,减免了水患该年的田赋与调,加上"饮食其饥寒",使得人民得以饱腹。苏轼在这一年除了安抚百姓以外,更重要的是使老百姓恢复水患之前的局面。

苏轼还作诗纪念水患的事情,首先为"送杨奉礼"一诗:

　　谱牒推关右,风流出靖恭。时情任险陂,家法故雍容。南去河千顷,大水中相别。余惟酒一钟。更谁哀老子,令得放疏慵。[②]

其中"南去河千顷,大水中相别"写明了在水患发生时与杨奉礼道别。这首诗是苏轼写给友人然后记录了水患的事情。接下来为"河复(并叙)"一首,从这首诗的叙可以看出:

① 《苏东坡全集》册3,第1316页。
② 《苏东坡全集》册1,第285页。

　　熙宁十年秋，河决澶渊，注钜野，入淮泗。自澶、魏以北皆绝流，而济、楚大被其害，彭门城下水二丈八尺，七十余日不退，吏民疲于守御。十月十三日，澶州大风终日，既止，而河流一枝已复故道，闻之喜甚，庶几可塞乎。乃作《河复》诗，歌之道路，以致民愿而迎神休，盖守土者之志也。君不见西汉元光元封间，河决瓠子二十年。①

这首诗呼应了《奖谕敕记》一文，在叙中提到彭城被水淹了 70 几日，水淹二丈八尺，前文的《奖谕敕记》明确记载水淹 2 丈 8 尺 9 寸。水退了之后，苏轼写诗"河复（并叙）"庆贺，在叙文中提到"君不见西汉元光元封间，河决瓠子二十年"，这其实是诗歌典故，汉武帝元光年间与元封年间黄河两次决于瓠子（今河南濮阳县西南），在《史记·河渠书》中记录了整件事情，同时诗中的"淇园竹"也源于此事件②。

　　关于这件事情我们来看一下《史记·河渠书》的记载：

　　今天子（汉武帝）元光之中，而河决于瓠子，东南注钜野，通于淮、泗。于是天子使汲黯、郑当时，③兴人徒塞之，辄复坏……天子以为然，令齐人水工徐伯表，悉发卒数万人穿漕渠，三岁而通。通，以漕，大便利。其后漕稍多，而渠下之民颇得以溉田矣……自河决瓠子后二十馀岁，岁因以数不登，而梁楚之地尤甚。天子既封禅巡祭山川，其明年，旱，干封少

---

① 《苏东坡全集》册 1，第 286 页。

② 《史记》卷 29，《河渠书》，第 1409—1413 页。

③ 《史记》卷 29，《河渠书》，第 1409 页。这边建议加个逗号，此人为郑当时，因下文有"郑当时为大农"，故此时是大农郑当时与汲黯一起进行修撰。

雨。天子乃使汲仁、郭昌发卒数万人塞瓠子决。于是天子已用事万里沙,则还自临决河,沈白马玉璧于河,令羣臣从官自将军已下皆负薪寘决河。是时东郡烧草,以故薪柴少,而下淇园之竹以为楗……于是卒塞瓠子,筑宫其上,名曰宣房宫。而道河北行二渠,复禹旧迹,而梁、楚之地复宁,无水灾[①]。

这事件发生两次,最早是汉武帝元光年间,黄河于瓠子决堤,汉武帝遣汲黯、郑当时二人进行围堵,但不久就坏了,后汉武帝派遣水工徐伯表凿穿沟渠,历时三年而水患平定。然而二十几年后的元封年间,黄河再度于瓠子决堤,汉武帝遣汲仁与郭昌二人率领数万人围堵黄河。为了表示汉武帝的重视,他亲自到黄河边,令人将白马与玉璧沉入黄河,并命臣下自将军以下的都背负薪柴去围堵河堤。由于薪柴不足,便以淇园的竹子来代替。根据《史记》集解记载:"晋灼曰:衞之苑也。多竹篠。"[②]所以淇园为卫国的苑囿,以产竹闻名,然而在汉武帝时,为了围堵黄河,把这苑囿的竹子拿去堵堤。汉武帝这次的围堵,成功解决当时黄河水患的问题。

回到"河复(并叙)"一诗:

钜野东倾淮泗满,楚人恣食黄河鳣。万里沙回封禅罢,初遣越巫沉白马。河公未许人力穷,薪刍万计随流下。吾君仁圣如帝尧,百神受职河神骄。帝遣风师下约束,北流夜起澶州桥。东风吹冻收微渌,神功不用淇园竹。楚人种麦满河淤,仰看浮槎栖古木。[③]

---

① 《史记》卷 29,《河渠书》,第 1409—1413 页。
② 《史记》卷 29,《河渠书》,第 1413 页。
③ 《苏东坡全集》册 1,第 286 页。

由于黄河决堤,水淹徐州,因此徐州人能够恣意的食用"黄河鳝",这个来自黄河的黄鱼①。诗文中间描述了治水的过程,水平后,徐州人能在黄河淤泥处种植麦子,这也是水患能带来的些微好处吧。

苏轼历经徐州治水一事,其弟弟苏辙也在"黄楼赋(序)"中记载了下来:

> 熙宁十年秋七月乙丑,河决于澶渊,东流入巨野,北溢于济,南溢于泗。八月戊戌,水及彭城下。余兄子瞻适为彭城守。水未至,使民具畚锸,畜土石,积刍茭,完窒隙穴,以为水备,故水至而民不恐。自戊戌至九月戊申,水及城下者二丈八尺,塞东西北门,水皆自城际山,雨昼夜不止。子瞻衣制履屦,庐于城上,调急夫、发禁卒以从事,令民无得窃出避水。以身帅之,与城存亡,故水大至而民不溃。方水之淫也,汗漫千余里,漂庐舍,败冢墓,老弱蔽川而下,壮者狂走,无所得食,槁死于丘陵林木之上。子瞻使习水者浮舟楫,载糗饵以济之,得脱者无数②。

苏辙的记载写明了洪水来自城际山,苏轼让徐州人民"具畚锸,畜土石,积刍茭,完窒隙穴",做好治水的准备,故洪水来时,人民因为有所准备而不慌乱。苏轼又派人坐船带着干粮,去打捞救起被洪水所淹的居民,救了相当多的群众。

---

① 鳝,根据《尔雅.释鱼》的郭璞注,鳝为大鱼,在江东呼为黄鱼。
② 陈宏天、高秀芳点校:《苏辙集》卷17,北京:中华书局,2004年,第334—336页。

　　宋徽宗建中靖国元年(1101)苏轼过世,苏辙在为其兄写墓志铭的时候,也论述到了苏轼徐州治水这件事情,距离熙宁十年(1077)已经过了 24 年。其墓志铭记载如下:

　　　　自密徙徐。是岁河决曹村,泛于梁山泊,溢于南清河,城南两山环绕,吕梁百步扼之汇于城下,涨不时泄,城将败。富民争出避水,公曰:"富民若出,民心动摇,吾谁与守?吾在,是水决不能败城!"驱使复入。公履屦杖,策亲入武卫营,呼其卒长,谓之曰:"河将害城,事急矣,虽禁军,宜为我尽力卒!"长呼曰:"太守犹不避涂潦,吾侪小人效命之秋也!"执梃入火伍中,率其徒短衣徒跣,持畚锸以出筑东南长堤,首起戏马台,尾属于城。堤成,水至堤下,害不及城,民心乃安。然雨日夜不止,河势益暴,城不沉者三板,公庐于城上,过家不入,使官吏分堵而守,卒完城以闻。复请调来岁夫,增筑故城,为木岸以虞水之再至。朝廷从之。讫事,诏褒之,徐人至今思焉[1]。

在墓志铭里面提到,苏轼控制城内富户,使其能够留在城中,这对前文提到的做治水准备起到了关键作用。因城内富户有钱有粮食,又有人力家丁。留在城中可以安抚民心。紧接着苏轼亲赴军营调动士卒防洪治水,在宋代这个重文轻武的时代,苏轼的行为调动了武卫营士卒的积极性。墓志铭提到苏轼在洪水来临期间,直接居住于城墙之上,与城民共存亡,这能有效地安抚民心。从这些资料的拼凑,我们可以看出苏轼任上,一场洪水发生到结束,

―――――――――――――

[1]　(宋)苏辙:《栾城集》卷 22,上海:上海古籍出版社,1987 年,第 1413 页。

所历经的过程。这也是徐州地区防洪治水的一段事迹。苏轼的治水经传到了 24 年之后，当地人民仍记得那次所发生的黄河决堤犯徐的事情。

苏轼的"徐州上皇帝书"，这是苏轼在元丰元年（1078）十月，苏轼 43 岁时在知徐州任所上的①。其内容探讨到徐州的地势，民风与利国监的重要性，是宋代人如何看待徐州一地的重要佐证，其内容前文已有探讨就不再赘述。

苏轼在徐州任上，于元丰元年（1078）12 月，在徐州西南找到石炭（煤），解决徐州燃料缺乏的问题②。徐东升、郑学檬更是以苏轼的"以（煤）冶铁作兵，犀利胜常"一句进行辨析③。这句话出自苏轼"石炭"一诗：

> 彭城旧无石炭，元丰元年十二月，始遣人访获于州之西南白土镇之北。以冶铁作兵，犀利胜常云。
>
> 君不见前年雨雪行人断，城中居民风裂。湿薪半束抱衾裯，日暮敲门无处换。岂料山中有遗宝，磊落如万车炭。流膏迸液无人知，阵阵腥风自吹散。根苗一发浩无际，万人鼓舞千人看。投泥泼水愈光明，烁玉流金见精悍。南山栗林渐可息，北山顽矿何劳锻。为君铸作百炼刀，要斩长鲸为万段。④

---

① 《苏东坡全集》册 1，第 8 页。
② 《苏东坡全集》册 1，第 8 页。
③ 徐东升、郑学檬，苏轼：《〈以（煤）冶铁作兵，犀利胜常〉辨析》，西北师大学报（社会科学版）第 3 期，2008，第 59—62 页。
④ 《苏东坡全集》册 1，第 324 页。

"以（煤）冶铁作兵，犀利胜常"根据徐东升、郑学檬的解释是煤提高了冶铁的两个方面，分别为提供燃料与提高产品质量①。但他们也关注到木炭是相较煤更适合冶铁的材料，不过因为森林破坏严重，只好退而求其次②。利国监生产的生铁质量较佳，这可见吴居厚的奏折，徐东升、郑学檬的解释是这是生产"简铁"，这是当时最好的生铁，以"铁柔"著称③，这也是这篇文章印证苏轼"石炭（煤）"一诗。接着回到诗文本身，前面提到柴火不足的问题，而后山中石炭（煤）可以替代薪柴，使得"南山栗林渐可息"，除此以外石炭（煤）还能铸造铁器，作为冶铁的燃料。

苏轼在知徐州期间，还因为缺雨，写下祈雨的青词，求雨。这是安抚民众的一种手段。苏轼的"徐州祈雨青词"内容如下：

> 河失故道，遗患及于东方；徐居下流，受害甲于他郡。田庐漂荡，父子流离。饥寒顿仆于沟坑，盗贼充盈于犴狱。人穷计迫，理极词危。望二麦之一登，救饥民于垂死。而天未悔祸，岁仍大荒。水未落而旱已成，冬无雪而春不雨。烟尘蓬勃，草木焦枯。今者麦已过期，获不偿种。禾未入土，忧及明年。臣等恭循旧章，并走群望。意水旱之有数，非鬼神之得专。是用稽首告哀，籲天请命。若其赋政多辟，以谪见于阴阳；事神不恭，以获戾于上下。臣实有罪，罚其敢辞。小民无知，大命近止。愿下雷霆之诏，分敕山川之神。朝隮寸云，暮洽千里。使岁得中熟，则民犹小康。

---

① 《〈以（煤）冶铁作兵，犀利胜常〉辨析》，第59页。
② 《〈以（煤）冶铁作兵，犀利胜常〉辨析》，第59—60页。
③ 《〈以（煤）冶铁作兵，犀利胜常〉辨析》，第60—61页。

从青词中的内容来看,远因是因为黄河改道,造成徐州地处下游,饱受水患。近因是因为"冬无雪而春不雨",进而酿成干旱。苏轼在青词中祈求下雨,请天勿因其之罪,降干旱给老百姓。最终苏轼希望祈雨成功,能"使岁得中熟,则民犹小康",这边的岁收根据青词为小麦。

苏轼除了关心徐州的百姓以外,对于路边的枯骨也拜祭了一番,抒发其爱民的思想,此可见《徐州祭枯骨文》:

> 嗟尔亡者,昔惟何人。兵耶、氓耶？谁其子孙。虽不可知,孰文非吾民。暴骨累累,见之酸辛。为卜广宅,陶穴宽温。相从归安,各反其真。

苏轼除了祭拜枯骨以外,同时也安葬了这个路边的枯骨,先是哀叹枯骨的死因,而后真情流露,此文可以体现苏轼对于徐州人民的情感。

二、海州

关于海州的部分,以《海州志》为底,回头检视史料,因《海州志》为海州同知张峯所纂修①,里面有张峯的评论部分,有他归纳总结他所看到的海州区域。《海州志》是景印宁波天一阁藏明代隆庆刻本,张峯所归纳的是明代隆庆年间所见,以此回头检视《太平寰宇记》等资料。

---

① 《海州志》卷3,版心第14页。

　　海州虽然产包含稻米、麦、黍稷、芝麻等五谷①,但张峯的评论点出了海州的农业情况:

　　　　海州水田少,而旱地多,故民间以麦为重谷,次之黍豆,又次之,夫寒暑燥湿,丘陵薮泽各有宜,兼殖五种,以备灾害②。

海州的情况旱田多而水田少,故以小麦作为主要种植的谷物,同时为了防备灾害,其他谷物也会兼着种植。

　　海州在水利设施方面,黄金坝是隋代开皇 5 年(585)所修筑,其余明代时另有银山坝、新坝、官河等水坝③。海州虽然有这些水利设施,但张峯告诉我们,海州"桥梁陂堤亦浸废,昔泽不陂障,川无舟梁"④。水利设施的缺乏养护,对于海州的农业也造成了一些影响。

　　海州在土产食货方面,产绫、绢、海味、盐、楚布、紫菜⑤。这是宋代方面的情况,《海州志》也说明了明代的情况。明代海州产盐、丝、靛、黄蜡、白蜡、芦席、木绵等⑥。盐的话,因为海州临海所以盛产,且海州还有板浦、徐溇、临洪三个盐场⑦,张峯曾登高来看这三座盐场,他形容"海堤晒池,垒垒如阡陌"⑧。

----

① 《海州志》卷 3,版心第 15 页。
② 《海州志》卷 3,版心第 15 页。
③ 《海州志》卷 3,版心第 12、13 页。
④ 《海州志》卷 3,版心第 14 页。
⑤ 《太平寰宇记》卷 22,第 458 页。
⑥ 《海州志》卷 3,版心第 15 页。
⑦ 《海州志》卷 3,版心第 15 页。
⑧ 《海州志》卷 3,版心第 15 页。

第四章

消逝的淮泗地区与宗教

第一节　文人作品中的楚州与泗州

一、楚州

诗是最容易流传的载体,借由诗我们可以看到诗人眼中的淮阴地区。淮阴地区,白居易曾称赞为"淮水东南第一州"这出自《赠楚州郭使君》这首诗①,就从这切入开始探讨文人作品中的淮阴地区。

这个郭使君,是郭行余②,因为他联系起了白居易跟刘禹锡。郭行余写诗,白居易跟刘禹锡也唱和。白居易写了《和郭使君题枸杞》:"山阳太守政严明,吏静人安无犬惊。不知灵药根成狗,怪

---

① (唐)白居易,朱金城笺注:《白居易集校笺》,江苏:上海古籍出版社,2008 年,第 1704 页。

② 《白居易集校笺》,第 1704 页。

得时闻吠夜声^①"。刘禹锡也写了《楚州开元寺北院,枸杞临井,繁茂可观,羣贤赋诗因以继和》:"僧房药树依寒井,井有香泉树有灵。翠黛叶生笼石甃,殷红子熟照铜瓶。枝繁本是仙人杖,根老新成瑞犬形。上品功能甘露味,还知一勺可延龄^②。"

从刘禹锡的诗名,我们可以知道楚州开元寺的北院,种满了枸杞,然后枸杞茂盛可观,围绕着一口井,所以楚州的长官郭行余,邀请了白居易、刘禹锡等名流,在开元寺北院举行了盛会,然而郭行余的诗却未流传下来,笔者以为可能是受到"甘露之变"的影响,郭行余身死^③,而其作品自然会被敌对势力查禁。幸而白居易、刘禹锡诗集广为流传,保留了这场盛会的踪迹。

关于郭行余这个人,因为他参加"甘露之变"失败族诛^④,因此正史对他的记载相对很少,仅知道他与"甘露之变"的策划者李训很好,受李训提拔为邠宁节度使,进而参与"甘露之变"。然白居易的《赠楚州郭使君》一诗,又为我们留下了一些数据。这诗:"淮水东南第一州,山围雉堞月当楼。黄金印绶悬腰底,白雪歌诗落笔头。笑看儿童骑竹马,醉携宾客上仙舟。当家美事堆身上,何啻林宗与细侯^⑤"。

从这诗我们可以想象郭行余,在号称淮水东南第一州的楚州做刺史。他挂着黄金印绶,写着诗歌,然后笑看儿童骑竹马,这代表楚州环境相对安逸稳定,所以刺史公务之余,可以写诗歌,笑看儿童骑着竹马,欢乐的场景。然后带着宾客坐着船,漫游在楚州

---

① 《白居易集校笺》,第 1704 页。
② (唐)刘禹锡:《刘禹锡集》,北京:中华书局,2004 年,第 422 页。
③ 《旧唐书》卷 169,《郭行余列传》,第 4409 页。
④ 《旧唐书》卷 169,《郭行余列传》,第 4409 页。
⑤ 《白居易集校笺》,第 1704 页。

的水域上，这是何等美事。因此"当家美事堆身上，何啻林宗与细侯"。笔者以为楚州的环境好，加上郭行余的施政能力，才能有如此游刃有余之感。

关于楚州刺史的状况，我们可以看到郑吉所写的《楚州修城南门记》①，在里面提到了楚州刺史李苟的政绩，时间是唐宣宗大中14年(860)，距离白居易与刘禹锡唱和枸杞井的唐敬宗宝历2年(826)，仅隔34年，相距不会太远。然郭行余治理楚州的政绩，我们仅知道"山阳太守政严明"，透过《楚州修城南门记》可以进一步了解。

《楚州修城南门记》刺史李苟提道：

> 溯淮而上达于颍，而州兵之益团练者，缠联五郡焉。楚最东为名郡，疆土绵远，带甲四千人，征赋二万计，屯田五千顷，凡兵赋食三者相通也。公尝亟言兵，愿试锋颍焉②。

楚州溯淮河北上可以到达颍川，州兵互相联系着五州。楚州有兵4000人，征赋有两万，另外屯田五千顷，可保军食无忧。从李苟这段话，我们可以看到楚州的位置控扼淮河，可溯溪而上，或顺流而下，4000兵虽不多，但可以灵活调动，且军需充足。楚州有官田五千顷，郭行余时期应该也有差不多的数量，所以郭行余治理楚州期间，鼓励农业应该是必然要做的政绩。

关于楚州，吕让在写壁厅记提到："扬州属都，楚实甚大，提兵五千，籍户数万，其事雄富，同于方伯③。"楚州是扬州的属都，意味

① 《全唐文》卷763，第7932页。
② 《全唐文》卷763，第7932页。
③ 吕让：《楚州刺史厅记》，《全唐文》卷716，第7364页。

着淮南仅次于扬州的重要地方,所以有兵五千,在籍的户口有数万人,因此楚州的地位像扬州一般,俨然是个地方要镇。

关于淮阴县的描述,地理书中对这方面较少着墨。然因李邕《楚州淮阴县婆罗树碑》意外保留了部分,李邕提到:

> 淮阴县者,江海通津,淮楚巨防,弥越走蜀,会闽驿吴,七发枚乘之邱,三杰楚王之窟,胜引飞缰,商旅接舻[1]。

淮阴县不管是海运还是漕运都很便利,借着水运沟通长江流域,因此商旅兴旺,商业兴盛。

刘禹锡在《淮阴行五首》中所描述的情景,就是水上的淮阴风情:

> 簇簇淮阴市,竹楼缘岸上。好日起樯竿,乌飞惊五两。
> 今日转船头,金乌指西北。烟波与春草,千里同一色。
> 船头大铜镮,摩挲光阵阵。早早使风来,沙头一眼认。
> 何物令侬美,美郎船尾燕。衔泥趁樯竿,宿食长相见。
> 隔浦望行船,头昂尾憹憹。无奈晚来时,清淮春浪软。[2]

在第一首我们可以看到丛列的淮阴市,沿岸都是竹子搭建的竹楼,这是岸上的景观。中间第二首、第三首是水上风光,第四首仿女子借喻船尾燕,表达对另一半的情意,最后一首是从岸边看着行船的风光,如诗中的"头昂尾憹憹",憹憹是船上的帷幔,看着船

---

① 李邕:《楚州淮阴县婆罗树碑》卷263,《全唐文》,第2667页。
② 瞿蜕园:《刘禹锡集笺证》卷26,上海:上海古籍出版社,2009年,第804页。

乘江而行,船尾帷幔飘扬,这就形成了淮阴地区的水上风情。

刘禹锡与白居易是中唐有名的诗人,然淮阴地区也有出过知名的诗人,如山阳的赵嘏。跟赵嘏有相关的典故是"抛砖引玉",然常建是唐玄宗至代宗时期的人①,赵嘏约略生活于唐宣宗时期左右②,两人生活时代差了50年以上,故有人怀疑此典故为误传。笔者以为或者是因为常建担任盱眙尉,盱眙属楚州,所以将他与楚州山阳的赵嘏凑成典故,亦或者是当地乡野传闻留下了"抛砖引玉"的典故。

关于赵嘏,我们可以看到《唐才子传》的介绍:

> 赵嘏,字承佑,山阳人。会昌四年郑言榜进士。大中中,仕为渭南尉。一时名士大夫极称道之。卑宦颇不如意。宣宗雅知其名,因问宰相:'赵嘏诗人,曾为好官否可取其诗进来!'读其卷首题秦诗云:'徒知六国随斤斧,莫有群儒定是非。'上不悦,事寝。
>
> 嘏尝早秋赋诗曰:'残星数点雁横塞,长笛一声人倚楼。'杜牧之呼为'赵倚楼',赏叹之也。又初有诗,落句云:'早晚粗酬身事了,水边归去一闲人。'仕途屹兀,岂其谶也! 嘏豪迈爽达,多陪接卿相,出入馆合,如亲属。然能以书生令远近知重,所谓'一日名动京师,三日传满天下',有自来矣。命沾仙尉,追踪梅市,亦不恶耳。
>
> 先嘏家浙西,有美姬溺爱,及计偕,留侍母。会中元游鹤

---

① 傅璇琮:《唐才子传校笺》卷2,北京:中华书局,2002年,常建,唐玄宗开元15年与王昌龄同科登榜,唐代宗大历年间,担任盱眙尉,故推论常建生活在唐玄宗至代宗之间。
② 《唐才子传校笺》卷7。赵嘏唐宣宗大中年间,担任渭南尉。

林寺,浙帅窥见悦之,夺归。明年嘏及第,自伤赋诗曰:'寂寞堂前日又曛,阳台去作不归云。当时闻说沙咤利,今日青娥属使君。'帅闻之,殊惨惨,遣介送姬入长安。时嘏方出关,途次横水驿,于马上相遇,姬因抱嘏痛哭;信宿而卒,遂葬于横水之阳。嘏思慕不已,临终日有所见,时方四十余。

今有《渭南集》及《编年诗》二卷。悉取十三代史事迹,自始生至百岁,岁赋一首、二首,总得一百一十章。今并行于世①。

赵嘏是楚州山阳县人,唐武宗会昌四年(844)在郑言所主持的考试中,取得进士。赵嘏"卑宦颇不如意",仕途颇不顺遂,唐宣宗大中年间才担任渭南尉。

笔者以为应该是因为座主郑言的关系,赵嘏考上进士的来年,宣宗皇帝即位。宣宗皇帝罢斥李德裕及其党羽,自然重用牛党中人。郑言效力于郑覃的弟弟郑朗的幕府,担任右拾遗②。郑覃曾被李德裕援引,共掌时政,但郑覃没有接受③,他的儿子为李德裕所知,拔擢担任渭南尉④。

郑言算是李党中人,赵嘏自然也被归类为李党的外围,自然在宣宗朝会受到牛党的排挤。郑言,最早担任浙西观察使王式从事,要等到唐懿宗咸通年间才担任翰林学士、户部侍郎⑤,在唐宣

①《唐才子传校笺》卷7。
②(宋)欧阳修:《新唐书》卷165,北京:中华书局,2003年,《郑朗传》,第5070页。
③《新唐书》卷165,《郑覃传》,第5068页。"武宗初,李德裕复用,欲援覃共政,固辞,乃授司空,致仕,卒。子裔绰。"
④《新唐书》卷165,《郑覃传》,第5068页。"裔绰峭立有父风,以门荫进,为李德裕所知,擢渭南尉"
⑤《新唐书》卷58,《艺文志》,第1469页。郑言《平剡录》的小注。

宗一朝,郑言隶属于崔铉麾下,纂修《续会要》40 卷①。唐宣宗一
朝,作为座主的郑言都只能修书,要等到宣宗过世,懿宗即位才获
得重用,赵嘏仕宦不如意,不能受到座主援引,是可想而知的。

赵嘏因为写诗得罪唐宣宗,而无法受到拔擢一事,此事最早
出自《北梦琐言》②,而后唐才子传收录之。

> 宣宗雅知其名,因问宰相:'赵嘏诗人,曾为好官否可取
> 其诗进来!'读其卷首题秦诗云:'徒知六国随斤斧,莫有群儒
> 定是非。'上不悦,事寝③。

笔者以为应该是文坛中所流传的趣闻,李白诗写得那么好,依旧
只被唐玄宗赐金放还,并未受到重用。赵嘏又怎么可能因为诗写
得好,而被大力拔擢重用。笔者认为这只是文坛间吹捧赵嘏诗写
得不错,能被皇帝过目,至于赵嘏仕途不顺遂,笔者认为实际上还
是因为唐宣宗朝,李党被压抑所致。

赵嘏曾写了一首《忆山阳》,这是淮阴当地人追思当地的诗:

> 家在枚皋旧宅边,竹轩晴与楚坡连。芰荷香绕垂鞭袖,
> 杨柳风横弄笛船。
> 城碍十洲烟岛路,寺临千顷夕阳川。可怜时节堪归去,
> 花落猿啼又一年④。

---

① 《新唐书》卷 59,《艺文志》,第 1563 页。
② 《北梦琐言》卷 7,《孟浩然、赵嘏以诗失意》:"宣宗索赵嘏诗,其卷首有《题秦皇》诗,
其略云:'徒知六国随斤斧,莫有群儒定是非。'上不悦。"
③ 《唐才子传校笺》卷 7。
④ 谭优学:《赵嘏诗注》,上海:上海古籍出版社,1985 年,第 35 页。

从诗中我们可以知道,赵嘏住在枚皋旧宅附近。枚皋旧宅可能是今天的枚乘(枚皋之父)故里,位于今天的淮安市淮阴区明远路。地理位置接近在码头镇附近,不远就是惠济祠的所在,在明清是运河重要的漕运要地。

回到《忆山阳》,我们可以看到赵嘏的竹轩附近,有茭荷,也就是菱叶与荷叶,还有杨柳的情景。赵嘏还有《山阳即席献裴中丞》《楚州宴花楼》《山阳韦中丞罢郡因献诗》《山阳卢明府以双鹤寄遗》,这四首诗是写给山阳地区长官的。根据谭优学的分析这三首的韦中丞,为同一人[1]。韦中丞为韦瓘[2],他与李德裕亲善,李德裕在唐武宗担任宰相时期,仍保持往来,宣宗即位后,李德裕被贬,韦瓘也跟着被贬[3]。韦瓘很明显是李党中人,而赵嘏写了三首诗给韦瓘,也写过诗《献淮南李相公》给李德裕,由此来看也印证了赵嘏仕宦不如意,是受到李党的牵连。《山阳卢明府以双鹤寄遗》这首诗,是写给山阳的卢县令。

回到这四首诗,再加以分析。

《山阳即席献裴中丞》

　　　　早年天上见清尘,今日楼中醉一春。暂肯剖符临水石,
几曾焚笔动星辰。

　　　　琼台雪映迢迢鹤,蓬岛波横浩浩津。好是仙家羽衣使,

---

① 《赵嘏诗注》,第 56 页。
② 《唐刺史考全编》,第 1699 页。
③ 《新唐书》卷 162,《韦瓘传》,页。"仕累中书舍人。与李德裕善,德裕任宰相,罕接士,唯瓘请往问也。李宗闵恶之,德裕罢,贬为明州长史。会昌末,累迁楚州刺史,终桂管观察使。"

欲教垂涕问何人①。

《楚州宴花楼》(亦作陪韦中丞宴扈都头花园)

> 门下烟横载酒船,谢家携客醉华筵。寻花偶坐将军树,
> 饮水方重刺史天。
> 几曲艳歌春色里,断行高鸟暮云边。分明听得舆人语,
> 愿及行春更一年②。

《山阳韦中丞罢郡因献诗》

> 笙歌只是旧笙歌,肠断风流奈别何。照物二年春色在,
> 感恩千室泪痕多。
> 尽将魂梦随西去,犹望旌旗暂一过。今日尊前无限思,
> 万重云月隔烟波③。

《山阳卢明府以双鹤寄遗》,白氏以诗回答,因寄和

> 缑山双去羽翰轻,应为仙家好弟兄。茅固枕前秋对舞,
> 陆云溪上夜同鸣。
> 紫泥封处曾回首,碧落归时莫问程。自笑沧江一渔叟,
> 何由似尔到层城④。

---

① 《赵嘏诗注》,第 86 页。
② 《赵嘏诗注》,第 56 页。
③ 《赵嘏诗注》,第 85 页。
④ 《赵嘏诗注》,第 78 页。

这四首诗，是山阳当地人赵嘏写给故乡的长官的献诗。从第二首
我们可以得知，楚州有个宴花楼，《天启淮安府志》提到："即淮安
城面门楼，为当时郡守宴新进士于其上，为之簪花，故曰宴花"。
楚州的宴花楼位于淮安城的门楼，扈都头的花园也在那附近，可
能是借用扈都头的花园，为新科进士举行簪花的活动。

关于楚州的城门，郑吉《楚州修城南门记》有所描述：

> 今上（唐懿宗咸通）元年春正月，楚州新作内城之南门。
> 何以言新，因旧之云也。何以言作，更从王制也。王制若何，
> 曰天子诸侯台门也。何称内城，别于外郭也……楚大邦也，
> 且者草创，南虽设谯门，卑且陋，但阖两扇，为露棚于前，振军
> 旅焉。露棚不能蔽风雨，亟理而亟坏，由是刺史兼御史中丞
> 李公（苟）新作之……乃新南门，巉然而楼，增以旧五之二焉。
> 划为双门，出者由左，入者由右。夹筑高阜，类观阙而非者
> 九，军垒皆尔，命之曰却敌[①]。

我们可以看到李苟刺史新修楚州内城的南门，楚州的位置，我们
以明清的楚州城推论从下图 4-1-1 我们可以看到楚州城的府衙
位于新城当中，其上有旧城。

从图 4-1-2 来看楚州城位于礼字坝北方，现今淮安府衙位
于东门大街上，这条路穿过北门大街，就变成西门大街。西门大
街北侧为文通塔，也就是龙兴寺遗址所在，现为勺湖（法治公园），

---

① 《全唐文》卷 763，第 7932 页。文中（），皆为该篇文章中提及者。

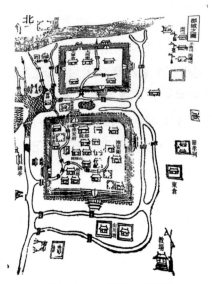

图4-1-1 楚州二城图①

图4-1-2 楚州二城位置图②

---

① 荀德麟等点校:《正德淮安府志》,北京:方志出版社,2009年,第17页。
② 淮安府衙所张贴的,应出自方志。

西门大街,经西长街往南为月湖,为开元寺遗址所在,如图4-1-4。

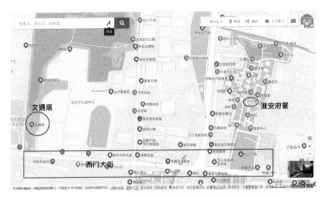

图4-1-3　现今淮安市淮安区(楚州区)地图

从图4-1-3我们可以看到西门大街这条路串了府衙跟文通塔,这边即为龙兴寺遗址所在。图4-1-4我们可以看到府衙与龙兴寺、开元寺(月湖附近)的位置图。然前文提及开元寺位于唐代楚州城北方,故郑吉文中所提到的楚州内城南门,在图4-1-4开元寺的南方若干里,具体位置待考证。

可能的位置推敲出大概,回到郑吉的文章,他提到了因为旧的内城南城门"卑且陋",因此重修新的内城南门,修得比之前大2/5,然后开双门,左边出,右边入,在交通上比起前更便

图4-1-4　府衙与龙兴寺、开元寺位置图

利,在军事上"夹筑高阜"也比以前更具功能性。

接下来继续探讨其他诗人,楚州淮阴是韩信的故乡,因此唐人咏韩信的诗作也相当多。先从殷尧藩的《韩信庙》开始:

> 长空鸟尽将军死,无复中原入马蹄。身向九泉还属汉,功超诸将合封齐。荒凉古庙惟松柏,咫尺长陵又鹿麋。此日深怜萧相国,竟无一语到金闺①。

这首诗写了韩信的一生,仅存荒凉的古庙与松柏。韩信除了有殷尧藩写诗以外,与其同时代,且有往来的许浑也写了两首关于韩信的诗,分别为《淮阴阻风寄呈楚州韦中丞》:

> 垂钓京《一作荆》江欲白头,江鱼堪钓却西游。刘伶台下稻花晚,韩信庙前枫叶秋。淮月未明先倚槛,海云初起更维舟。河桥有酒无人醉,独上高城望庚楼②。

与《韩信庙》:"朝言云梦暮南巡,已为功名少退身。尽握兵权犹不得,更将心计托何人。③"。从前首诗,我们可以看到韩信庙前的泛黄秋枫,与垂钓荆江的情景,后一首则是追忆韩信本人。许浑两首诗前写景,后写人。韩信庙前的秋枫,几经秋落后,今日韩信庙前,早已不见唐代的秋枫了,而韩信也早已消逝在故纸堆中,留待后人追忆。

较早的刘禹锡也写了《韩信庙》:"将略兵机命世雄,苍黄钟室

---

① 《全唐诗》卷 492,第 5570 页。
② 《全唐诗》卷 534,第 6095 页。
③ 《全唐诗》卷 538,第 6139 页。

叹良弓。遂令后代登坛者,每一寻思怕立功。^①"刘禹锡主要是描写韩信本人,追忆韩信的功业。到了宋代,王安石也写了《韩信》一诗:

韩信寄食常歉然,邂逅漂母能哀怜。当时哙等何由伍,但有淮阴恶少年。

谁道萧曹刀笔吏,从容一语知人意。坛上平明大将旗,举军尽惊王不疑。

捋兵半楚潍半沙,从初龙且闻信怯。鸿沟天下已横分,谈笑重来卷楚氛。

但以怯名终得羽,谁为孔费两将军^②。

王安石写了韩信的功业,唐宋诗人描写韩信,这是楚州地区的亮点之一。

在《太平广记》中的大竹路这个故事提到韩信庙,但此庙在山南西道的兴元府(汉中),有大竹路通往巴州:

兴元之南,有大竹路,通于巴州。其路则深溪峭岩,扪萝摸石,一上三日,而达于山顶。行人止宿。则以絙蔓系腰。萦树而寝。不然,则堕于深涧,若沈黄泉也。复登措大岭。蓋有稍似平处。路人徐步而进,若儒之布武也。其绝顶谓之孤云两角,彼中谚云:"孤云两角,去天一握。"淮阴侯庙在焉。

---

① (唐)刘禹锡:《刘禹锡集》卷24,北京:中华书局,2004年,第311页。

② (宋)李壁笺注,高克勤点校:《王荆文公诗笺注》卷12,上海:上海古籍出版社,2009年,第299页。

昔汉祖不用韩信。信遁归西楚。萧相国追之,及于兹山,故
立庙貌。王仁裕尝佐襄梁师王思同,南伐巴人,往返登陟,亦
留题于淮阴祠。《诗》曰。一握寒天古木深,路人犹说汉淮
阴,孤云不掩兴亡策,两角曾悬去住心。不是冕旒轻布素,岂
劳丞相远追寻。当时若放还西楚,尺寸中华未可侵。"崎岖险
峻之状。未可殚言。出《玉堂闲话》①

此例可以作为韩信庙在楚州以外的一例,然笔者以为韩信庙最重
要的还是家乡楚州的那座韩信庙。故事中的诗,也表彰了韩信的
功业。

苏轼在《淮上早发》一诗提道:"此生定向江湖老,默数淮中十
往来"②,苏轼常与楚州地区往来,因此与楚州当地文人联谊。苏
轼除了本身与楚州关系外,其学生张耒更是楚州淮阴人。苏轼往
来楚州期间,为韩信庙写了《淮阴侯庙碑》:

应龙之所以为神者,以其善变化而能屈伸也。夏则天
飞,效其灵也。冬则泥蟠,避其害也。当嬴氏刑惨网密,毒流
海内,销锋镝,诛豪俊,将军乃辱身污节,避世用晦。志在鹊
起豹变,食全楚之租,故受馈于漂母。抱王霸之略,蓄英雄之
壮图,志轻六合,气盖万夫,故忍耻跨下。洎乎山鬼反璧,天
亡秦族。遇知己之英主,陈不世之奇策。崛起蜀汉,席卷关
辅。战必胜,攻必克,扫强楚,灭暴秦。平齐七十城,破赵二
十万。乞食受辱,恶足累大丈夫之功名哉! 然使水行未殒,

---

① 《太平广记》卷397,第3182页。
② 《苏东坡全集》册2,第631页。

火流犹潜。将军则与草木同朽，麋鹿俱死。安能持太阿之柄，云飞龙骧，起徒步而取侯王？噫，自古英伟之士，不遇机会，委身草泽，名埋减而无称者，可胜道哉！乃碑而铭之。铭曰：

> 书轨新邦，英雄旧里。海雾朝翻，山烟暮起。宅临旧楚，庙枕清淮。枯松折柏，废井荒台。我停单车，思人望古。淮阴少年，有目无睹。不知将军，用之如虎[1]。

苏轼的碑表彰了韩信的功劳，将韩信的战功刻画清楚。韩信庙在楚州是知名的庙宇，他寄托了同乡人对于家乡偶像的崇拜，好比今日的淮安人，皆以周总理为荣，常思及十里长街送总理的场景。

楚州因为要待潮等风，有《送曾主簿归楚州省觐，予亦明日归姑孰》："帆转清淮极《一作乃》鸟飞，落帆应换老莱衣。河亭未醉先惆怅，明日还从此路归[2]"这首诗，帆转清淮，将楚州的交通转运写出来，此为两人送别之诗。因为楚州需要待潮等风，才能通过水路，故许浑《守风淮阴》："遥见江阴夜渔客，因思京口钓鱼时。一潭明月万株柳，自去自来人不知。[3]"写于此时。许浑因夜里等风，思及京口钓鱼旧事。同样情景在皇甫冉《渔子沟寄赵员外裴补阙》："欲逐淮潮上，暂停渔子沟。相望知不见，终是屡回头。"也遇到，皇甫冉在淮上等潮，停在渔子沟，思及友人所作。刘长卿在《赴楚州次自田途中阻浅，问张南史》："楚城今近远，积霭寒塘暮。水浅舟且迟，淮潮至何处。"从许浑等人的诗来看，待潮等风漫漫长夜，故借此思及友人，所以写诗问候。

---

① 《苏东坡全集》6，第 3190 页。

② 《全唐诗》538，第 6136 页。

③ 《全唐诗》538，第 6137 页。

讲到渡淮,也有一些诗人提及,间丘晓《夜渡江·舟人自相报》:

> 舟人自相报,落日下芳潭。夜火连淮市,春风满客帆。水穷沧海畔,路尽小山南。且喜乡园近,言荣意未甘。

间丘晓的诗提及水上的情景,宋之问《初宿淮口》:

> 孤舟汴河水,去国情无已。晚泊投楚乡,明月清淮里。汴河东泻路穷兹,洛阳西顾日增悲。夜闻楚歌思欲断,况值淮南木落时[1]。

宋之问借由楚乡与楚歌,非常应景,因为唐代的淮安为楚州。《奉和出颍至淮应令》这诗名有三首诗,分别为隋人诸葛颖,与唐代的虞世南跟蔡允恭。依序如下:

> 涉颍倦纡回,浮淮欣迥直。遥村含水气,远浦澄天色。灵涛稍欲近,仙岩行可识。玄览属睿辞,风云有余力[2]。
>
> 良晨喜利涉,解缆入淮浔。寒流泛鹢首,霜吹响哀吟。潜鳞波里跃,水鸟浪前沉。邗沟非复远,怅望悦宸襟[3]。
>
> 久倦川涂曲,忽此望淮圻。波长泛淼淼,眺迥情依依。稍觉金乌转,渐见锦帆稀。欲知仁化洽,讴歌满路归[4]。

---

① 《全唐诗》卷51,第628页。

② (清)陈梦雷:《古今图书集成》卷253册203,台北:中华书局,1934年,第24页。

③ 《全唐诗》卷36,第476页。

④ 《全唐诗》卷38,第493页。

诸葛诗中提到颍水迂回，淮水迥直，虞诗提到邗构不远了，惆怅地望着邗沟以悦天子的情怀。蔡诗提到的淮圻为淮河附近千里的土地，蔡允恭望着淮圻，而后写下此诗。

白居易的《渡淮》：

> 淮水东南阔，无风渡亦难。孤烟生乍直，远树望多圆。
> 春浪棹声急，夕阳帆影残。清流宜映月，今夜重吟看①。

前两句就提到淮水河面宽阔，因此无风的话，难以渡过，以此看前文，可以知道诗人们等风渡淮之音。现今我们看到的淮河因为黄河夺淮，已经不复之前的雄伟。

除了提到淮河外，杨万里《至洪泽》：

> 今宵合过山阳驿，泊船问来是洪泽。都梁到此只一程，
> 却费一霄兼两日。政缘夜来到溆头，打头风起浪不休。舟人
> 相贺已入港，不怕淮河更风浪。老夫摇手且低声，惊心犹恐
> 淮神听。急呼津吏催开闸，津吏叉手不敢答。早潮已落水入
> 淮，晚潮未来闸不开。细问晚潮何时来，更待玉虫缀金钗。②

提到了洪泽湖，山阳驿站，都梁为盱眙的代称，因为入了盱眙港，所以得避淮河上的风浪。杨诗中的津吏为管控水情的小吏，控制着渡淮的事宜。杨诗最后提到等晚潮的情景，等待"玉虫（灯花）

---

① 顾学颉校点：《白居易集》卷 24，北京：中华书局，1999 年。第 530 页。
② 《杨万里集校笺》卷 30，第 1525 页。

缀金钗"。

楚州民风纯朴,淮安人好客热情,这在唐代就曾留下记录,李白因受楚州人的款待,写下了《淮阴书怀,寄王宗成(一作王宗城)》一诗:

沙墩至梁苑,二十五长亭。大舶夹双橹,中流鹅鹳鸣。云天扫空碧,川岳涵余清。飞凫从西来,适与佳兴并。眷言王乔舄,婉娈故人情。复此亲懿会,而增交道荣。沿洄且不定,飘忽怅徂征。暝投淮阴宿,欣得漂母迎。斗酒烹黄鸡,一餐感素诚。予为楚壮士,不是鲁诸生。有德必报之,千金耻为轻。缅书羁孤意,远寄棹歌声①。

漂母以酒与黄鸡热情招待李白。顾建国注意到淮安油鸡是以三黄鸡所制,质地细致,鲜香肥美②。李白在吃了黄鸡与酒后,写下了这首诗,记录了楚州人的热情。提到楚州地区的酒,唐代孙光宪的《杨柳枝》提到"好是淮阴明月里,酒楼横笛不胜吹③",楚州地区有很多酒楼,现可溯及宋代的为何家楼,因徐积有写诗记录下这家酒楼,为何姓儒商所开④,在徐积的《高楼春》中提到,在何家楼中,可以喝到"酒味如醍醐"的好酒,也能吃到"盘罗江笋烹淮鱼"⑤。

楚州附近的涟上,也能喝到好酒,在高适的《涟上题樊氏水亭》:

---

① (唐)李白,(清)王琦注:《李太白全集》卷13,北京:中华书局,2015年,第773—774页。
② 《江苏地方史·淮安卷》,第369页。
③ 《全唐诗》卷28,第403页。
④ 《江苏地方史·淮安卷》,第359页。
⑤ 《全宋诗》卷634,第7568页。

> 涟上非所趣,偶为世务牵。经时驻归棹,日夕对平川。莫论行子愁,且得主人贤。亭上酒初熟,厨中鱼每鲜。自说宦游来,因之居住偏。煮盐沧海曲,种稻长淮边。四时常晏如,百口无饥年。菱芋藩篱下,渔樵耳目前。异县少朋从,我行复迍邅。向不逢此君,孤舟已言旋。明日又分首,风涛还眇然①。

高适提到涟上美酒跟鲜鱼,盐与稻米、菱芋等物,这些为涟上特产,在楚州附近。此外楚州的盱眙也盛产玻璃泉上酒与淮白鱼,这可以参考曾几《食淮白鱼》:"十年不踏盱眙路,想见长淮属玉飞。安得玻璃泉上酒,借糟空有白鱼肥。"白鱼的鲜美配上好酒,玻璃泉上酒得好水所酿,从杨万里《题盱眙军玻璃泉》:

> 清如淮水未为佳,泉逬淮山好煮茶。熔出玻璃开海眼,更和月露瀹春芽。仰看绝壁一千丈,削下青琼无点瑕。从事不浇愁肺渴,临泓带雪吸冰花②。

我们可以知道玻璃泉的泉水极佳,适合煮茶,当然酿酒也是不错的选择。

回到楚州,也有些诗与此地相关,从刘禹锡《岁杪将发楚州呈乐天》:

---

① 孙钦善校注:《高适集校注》,上海:上海古籍出版社,2014年,第133—134页。
② 《杨万里集校笺》卷27,第1406—1407页。

　　　楚泽雪初霁，楚城春欲归。清淮变寒色，远树含清晖。
原野已多思，风霜潜减威。与君同旅雁，北向刷毛衣①。

　　在前一节提到，白居易与刘禹锡应郭行余之请，莅临楚州的开元
寺，写下关于枸杞井的诗句，而本诗为刘禹锡写给白居易的诗。

　　方干的《将谒商州吕郎中，道出楚州，留献章中丞》：

　　　江流盘复直，浮棹出家林。商洛路犹远，山阳春已深。
青云应有望，白发未相侵。才小知难荐，终劳许郭心②。

　　此诗主要是方干经过楚州时所写下的，诗中的"山阳春已深"可为
佐证。

　　李嘉祐的《登楚州城望驿路，十余里山村竹林相次交映》：

　　　十里山村道，千峰栎树林。霜浓竹枝亚，岁晚荻花深。
草市多樵客，渔家足水禽。幽居虽可美，无那子牟心③。

　　这首诗最重要在诗名，李嘉祐亲自登上了楚州城墙，望着城下的
驿路，沿着此路往外可以看到十余里处，山村与竹林相互交映之
景。这告诉我们，楚州城外的山村种着竹林，故可知百姓有使用
竹制品，且以竹笋佐餐。配上之前李白的诗，我们可以想象一个
场景，桌上摆放着淮安油鸡、竹笋、野菜，搭配着楚州的酒或农民
自己私酿的米酒，餐桌上也可能有淮河或附近小溪的鱼跟虾（诗

---

① 《刘禹锡集笺证》外集卷 1，第 1054 页。
② 《全唐诗》卷 648，第 7442 页。
③ 《全唐诗》卷 260，第 2156 页。

中的水禽),这大概是唐代村民宴客的配备。李嘉祐这诗又告诉
我们,在楚州附近的草市里面,有很多砍柴的前往贩卖,而靠近水
边的渔家有捕获丰富的水禽,也就是鱼虾那些。

韦应物《将发楚州,经宝应县,访李二,忽于州馆相遇》:

> 孤舟欲夜发,只为访情人。此地忽相遇,留连意更新。
> 停杯嗟别久,对月言家贫。一问临邛令,如何待上宾①。

此诗主要是韦应物要前往楚州,在宝应县的州馆遇到朋友李二,
宝应县在前文提到,为宜安县,因为唐肃宗晚期的献宝事件,改为
宝应县至今。宝应在楚州南方,故韦应物应该是由南往北的路程
中,在州馆与朋友相遇。

在张祜《楚州韦中丞箜篌》:"千重钩锁撼金铃,万颗真珠泻玉
瓶。恰值满堂人欲醉,甲光才触一时醒。"我们可以看到楚州,有
个韦中丞,擅长弹箜篌这乐器(类似竖琴),故此诗描写韦中丞弹
奏的情景,这可作为楚州一时的艺文活动。

钱起《送张五员外东归楚州》:

> 缨佩不为美,人群宁免辞。杳然黄鹄去,未负白云期。
> 此别清兴尽,高秋临水时。好山枉帆僻,浪迹到家迟。他日
> 诏书下,梁鸿安可追②。

此诗为钱起送别张五员外所写,为送别楚州人之诗,此为唐诗,另

---

① 陶敏敏、王友胜校注:《韦应物集校注》卷5,上海:上海古籍出版社,1998年,第354
  页。
② 《全唐诗》卷238,第2649页。

有李嘉祐送吉中孚之送别诗,待后面论及宗教时探讨,宋代有苏辙《送表弟程之元知楚州》、《程之元表弟奉使江西次前年送赴楚州韵戏别》两首,分别为

　　与君外兄弟,初如一池鱼。中年云雨散,各异涧谷居。客舍复相从,语极长欷歔。青衫奉朝谒,白发惊晨梳。百年不堪把,一樽欢有余。清言我未厌,昨夜闻除书。淮南旱已久,疲民食田蔬。诏发上供米,仍疏古邗渠。要须贤使君,均此积岁储。径乘两桨去,不待五马车。别离难重陈,劳徕不可徐。政成得召节,岁晚当归欤①。

　　送君守山阳,羡君食淮鱼。送君使钟陵,羡君江上居。怜君喜为吏,临行不欷歔。纷纷出歌舞,绿发照琼梳。归鞍踏凉月,倒尽清樽余。嗟我病且衰,兀然守文书。齿疏懒食肉,一饭甘青蔬。爱水亦已干,尘土生空渠。清贫虽非病,简易由无储。家使赤脚妪,何烦短辕车。君船系东桥,兹行尚徐徐。对我竟不饮,问君独何欤②。

这两首诗为苏辙送别表弟程之元所作,前诗"淮南旱已久,疲民食田蔬。诏发上供米,仍疏古邗渠",提到楚州当地有旱灾,故需疏通古邗沟,当地居民只能吃田中野菜维生,幸得朝廷赈济稻米,然一切后续还需程之元到楚州后,处理赈济。后诗"送君守山阳,羡君食淮鱼。送君使钟陵,羡君江上居"为苏辙羡慕表弟为楚州官时,坐镇山阳,能吃美食淮白鱼,而后调往江西钟陵(今江西南

① 《栾城集》卷14,第347页。
② 《栾城集》卷16,第376页。

昌),能在长江边上居住。

宋代楚州人张耒也写了关于家乡的诗,他是苏轼的学生,他写了《泊楚州锁外》六首,如下表:

表 4-1-1　张耒《泊楚州锁外》①

一	满眼荒寒春未知,芳菲欲到野梅枝。东南近腊风烟好,美酒千钟鱼蟹肥。
二	流落相逢二十年,羞将白发对婵娟。如何见我都依旧,添得尊前一惘然。
三	水榭疏帘秋夜凉,清歌一曲醽瑶觞。明朝回首高城处,只有西风却断肠。
四	便风吹舫去无情,漫遣槎牙铁锁横。未叹客行鸥鸟远,五更吹角是高城。
五	襄王席上旧行云,二十年间生死分。可惜风流一抔土,年年春草断人魂。
六	莫愁家住大堤边,朱阁青楼映暮川。斜映清淮一梳月,晚妆相对斗婵娟。

第一首"美酒千钟鱼蟹肥"这句描写出了楚州地区有美酒跟肥美的鱼跟蟹,印证前文提过的,楚州多美酒渔货。第三首"明朝回首高城处,只有西风却断肠"描写张耒回头看到楚州城,只有断肠西风。第四首,"便风吹舫去无情"提到船被风吹送,印证前文,船行须等风。第六首提到楚州的大堤,张耒住在其旁边,水边有朱阁青楼,与"晚妆相对斗婵娟",说明楚州的水边风情。其余为张耒抒发心情之作。

张耒的《同袁思正诸公登楚州东园楼》:

① (宋)张耒:《张耒集》卷 31,北京:中华书局,1990 年,第 539—540 页。

　　杖藜萧飒对云沙，白首逢春只叹嗟。身老易伤千里目，眼惊还见一年花。地平旷野连云直，天带清淮向海斜。尚有风光供醉笔，我生诗酒是生涯①。

此诗诗名提到，张耒与众人登上楚州东园楼，这说明在宋代楚州，东园楼是一处不错的酒楼，在诗中"尚有风光供醉笔，我生诗酒是生涯"可说明。而蔡襄《楚州闻晚角有怀》："钦天门外警场开，画角千枝迭鼓催。今日淮边孤垒畔，晚风时送数声来"②。提到楚州有个钦天门，张弋的《楚州》："落帆停鼓鹳湖头，两度因循到楚州。柳下人家曾识面，笑求新句写妆楼"③。提到楚州的老鹳河，与河边柳下人家，求诗贴在女生的妆楼（闺房），笔者以为这妆楼应为青楼。

　　诗人在旅经楚州时，有的住淮阳亭口号，有的住淮阴的水馆，而友人则在水边的酒楼望着淮河写下诗句。宋之问写下《旅宿淮阳亭口号》："日暮荒亭上，悠悠旅思多。故乡临桂水，今夜渺星河。暗草霜华发，空亭雁影过。兴来谁与晤，劳者自为歌"④，宋之问因宿淮阳亭口号而写下此诗。张祜因宿而写下《宿淮阴水馆》："积水自成阴，昏昏月映林。五更离浦棹，一夜隔淮砧。漂母乡非远，王孙道岂沉。不当无健妪，谁肯效前心"⑤。项斯在淮阴夜泊之时写下《夜泊淮阴》："夜入楚家烟，烟中人未眠。望来淮岸

①《张耒集》卷23，第412页。
②《全宋诗》卷390，第4806页。
③《全宋诗》卷390，第2822、33624页。
④《全唐诗》卷52，第644页。
⑤《太平寰宇记》卷124，第2461页。

尽，坐到酒楼前。灯影半临水，筝声多在船。乘流向东去，别此易经年"①。

　　最后是地理书中所保留的楚州景物（点），从地理书的记载可以看到宋代时期的景物。首先是《太平寰宇记》，分为山阳县、淮阴县、宝应县、盐城县、盐城监。首先是山阳县，有山阳，这是因为七国之路，山阳王帅军屯于此处而得名②。石鳖山、茶陂、都梁宫前面有所论述，南昌亭，在山阳县西三十五里，为韩信年轻时，寄食于南昌亭长，亭长晨炊蓐食逼走了韩信，后韩信为楚王，建都下邳，召南昌亭长，赏赐钱百万③，因而由此亭。前已提过公路浦，还有淮阴故城、韩信母墓、漂母墓。故仓城，东南接楚州城，隋开皇年间伐陈时，在此储蓄超过百万的军粮，隋末荒废④。射阳湖，前文已有所提及，这里作个补充，此湖与盐城、宝应三县分湖为界，唐代宗大历 3 年(768)与洪泽并设立官屯，但所收岁减，故宋代已停废⑤。

　　淮阴县有浊水（邗沟）、韩信城、淮水、枚乘宅墓、白水塘、淮阳婆罗树碑、盐渎⑥，这些前文都有所论述。宝应县有白水陂、射阳湖、箕山、得宝记⑦。白水陂、射阳湖前文有所论述，箕山在县东60 里⑧。得宝记，为楚州刺史郑鲁所撰，主要记载尼真如得宝的整个过程⑨，关于这个前文亦有所论述。盐城县与盐城监，下引用

---

① 《全唐诗》卷 554，第 6411—6412 页。
② 《太平寰宇记》卷 124，第 2461 页。
③ 《太平寰宇记》卷 124，第 2461 页，《舆地纪胜》卷 39，第 1651 页。
④ 《太平寰宇记》卷 124，第 2462 页，《舆地纪胜》卷 39，第 1651 页。
⑤ 《太平寰宇记》卷 124，第 2462 页。
⑥ 《太平寰宇记》卷 124，第 2462—2463 页。
⑦ 《太平寰宇记》卷 124，第 2463—2464 页。
⑧ 《太平寰宇记》卷 124，第 2463 页。
⑨ 《太平寰宇记》卷 124，第 2464 页。

阮升之《南兖州记》，有盐亭 123 所，"县人以渔盐为业，略不耕种，擅利巨海，能致饶沃，公私商运充实，四远舳舻往来，恒以千计[①]。"盐城县在宋代及之前都靠海，所以渔盐、运输都极为发达。盐城监为古之盐亭，是历代海岸煎之所，盐场有五祐、紫庄、南八游、北八游、丁溪、竹子、新兴、七惠、四海这九个[②]。盐城监，在宋代时期盐产一年有 27 万 7 千石[③]。

其次是《舆地纪胜》，这分为景物与古迹[④]，在景物部分有在倅厅的月榭还有月波楼，宝应县西南的云山，山中有龙潭。在放生池上，有临赋。在子城上有熙台，在筹边堂西侧有楚观，筹边堂位于郡治楚州城内，这是一个美轮美奂超过附近州郡的地方。在盐城县被有黄巢屯军的巢城，山阳县有茶陂[⑤]，笔者以为这是楚州产茶的地方。在楚州郡门外的放生池上有湖光亭，在楚州城的望云门外，有杏花村，在村中有揽辔亭。在楚州城南十里有著鞭亭，在水西南五里有望楚亭。在州桥西路北有镇淮楼，这楼本为镇江都统司酒楼[⑥]。这个镇淮楼在今天淮安依旧有这景点，参看下图 4 - 1 - 5。

楚州朝宗门外有清淮亭，楚州市桥南西有如归亭，芳菲亭侧有多秀亭[⑦]。在觐丰门内有万柳堂，此地桃花与柳树无数[⑧]。在山阳城外的永丰村有桃花渡，而望云门外有杏花村[⑨]。在宝应县有

① 《太平寰宇记》卷 124，第 2464 页。
② 《太平寰宇记》卷 124，第 2465 页。
③ 《舆地纪胜》卷 39，第 1651 页。
④ 《舆地纪胜》卷 39，第 1647—1652 页。
⑤ 《舆地纪胜》卷 39，第 1648 页。
⑥ 《舆地纪胜》卷 39，第 1648 页。
⑦ 《舆地纪胜》卷 39，第 1648—1649 页。
⑧ 《舆地纪胜》卷 39，第 1649 页。
⑨ 《舆地纪胜》卷 39，第 1649 页。

图4-1-5 镇淮楼(许峻维自摄)

竹子泾,建自唐穆宗长庆年间,堂梨泾则是在淮阴县,建自穆宗长庆2年(822)①。在楚元王庙下有桃花园,在宝应县东王野村有兰亭院②。在楚州西南隅有紫极宫③,又名紫极观④,紫极宫内在宋神宗熙宁年间有杨杰做记,也有神仙留题见仙释⑤。有紫极观画壁,是李伯时在墙壁间画猴戏,马惊,而圉人抽打马匹,当时人称赞为奇笔⑥。苏东坡作了《李伯时所画沐猴马赞》:"吾观沐猴,以马为戏。至使此马,窃衔诡衔。沐猴宜马,真虚言尔。"⑦,陈后山亦有诗:

---

① 《舆地纪胜》卷39,第1649页。
② 《舆地纪胜》卷39,第1649页。
③ 《舆地纪胜》卷39,第1649页。
④ 《方舆胜览》卷46,第822页。
⑤ 《舆地纪胜》卷39,第1649页。
⑥ 《方舆胜览》卷46,第822页。《舆地纪胜》卷39,第1649页。这边记载以《方舆胜览》记载较全,故以引《方舆胜览》。
⑦ 《苏东坡全集》册6,第3118页。《方舆胜览》卷46,第822页。

沐猴自戏马自惊，围人未解猴马情。猴其天资马何罪，
意欲防患犹伤生。异类相宜亦相失，同类相伤非所及。志行
万里因一悟，吐豆龁荄甘伏枥①。

此地本有石刻，但至《方舆胜览》成书之时已经不存②。在山阳县
北七十里有金牛岗，曾为后周柴荣屯兵之地③。得宝河④，即前文
提到楚州献宝的尼真如所住之地⑤。

在宝应西七十里有金钗涧，在海盐县西北二里，有相传是李
世民系马的铁柱岗⑥。龙竿院，在宝应县东八十里的射阳村，因唐
代宗时期该地的寺庙中，有竹子形成龙形而得名⑦。马娘院，在山
阳县南二十里，为隋炀帝游江南时，宫中之子葬于此而得名⑧。真
如寺，在宝应县治一百步距离，齐兴寺，在宝应县西八十里，内中
有梁武帝读书堂⑨，龙兴寺本节前文有提及。射阳阜，在宝应县，
东临射阳湖，有阜千数⑩。捍海堰，在盐城县，南接泰州海陵县，为
宋仁宗天圣 4 年(1026)，范仲淹所修筑⑪。

满浦闸，在朝宗门外西北四十里，宋孝宗隆兴时期，魏胜守海

① 《方舆胜览》卷 46，第 822 页。
② 《方舆胜览》卷 46，第 822 页。
③ 《舆地纪胜》卷 39，第 1649 页。
④ 《舆地纪胜》卷 39，第 1649 页。
⑤ 《舆地纪胜》卷 39，第 1649 页。
⑥ 《舆地纪胜》卷 39，第 1650 页。
⑦ 《舆地纪胜》卷 39，第 1650 页。
⑧ 《舆地纪胜》卷 39，第 1650 页。
⑨ 《舆地纪胜》卷 39，第 1650 页。
⑩ 《舆地纪胜》卷 39，第 1650 页。
⑪ 《舆地纪胜》卷 39，第 1650 页。

州,将军粮由此河至洪泽出闸,入淮河①。故沙河,在山阳西北十里,满浦闸西面,宋代乔惟岳所开凿,开凿的目的是避开山阳湾清河口的风涛之患。后蒋之奇以此基础,又修建自淮阴开沟渠至洪泽入闸②。北门,为张祜《方陪楚州韦舍人北门游燕诗》一诗③所提及的。三圣庙,为纪念赵立所设立④,这赵立在本书前面有所提及。九里泾,为宗弼袭击赵立粮道,赵立破敌的地方⑤。八里庄,因宋高宗绍兴 31 年(1161)楚州通判徐宗偃寄书信给刘锜,让他调派精锐控扼于此⑥。转般仓,在神运河西岸,为唐代江淮等道,米由此漕送关陕⑦。徐州泾、青州泾、太府泾,为唐武则天证圣(695)发青州、扬州之民所开凿⑧。

接下来是古迹的部分,甘罗城前文已略有提及,这边再补充。甘罗城在雨后在土中常会获得小钱,状如钟,有篆文不可识,称之为甘罗钱⑨。笔者实地走访并没有看到甘罗钱,但随地常会有陶片出土,被人弃置于内(如图 2-1-8 与 2-1-9),附近一面为小区,一面为马路,算是特留的古迹保护区。甘罗相传藏于宝应县,并有甘罗庙⑩。刘安王城,在山阳县南 10 里,西辽城,为李世民征辽屯兵之处,在山阳县东 200 里⑪。韩信城、公路浦、枚乘宅、东西

---

① 《舆地纪胜》卷 39,第 1650—1651 页。
② 《舆地纪胜》卷 39,第 1650—1651 页。
③ 《舆地纪胜》卷 39,第 1651 页。
④ 《舆地纪胜》卷 39,第 1651 页。
⑤ 《舆地纪胜》卷 39,第 1652 页。
⑥ 《舆地纪胜》卷 39,第 1651—1652 页。
⑦ 《舆地纪胜》卷 39,第 1652 页。
⑧ 《舆地纪胜》卷 39,第 1652 页。
⑨ 《舆地纪胜》卷 39,第 1653 页。
⑩ 《舆地纪胜》卷 39,第 1653 页。
⑪ 《舆地纪胜》卷 39,第 1653 页。

塚（韩母墓与漂母墓）前文已论述。在县北有刘伶台,其南有杜康桥①。在山阳还有尉迟墓、赵康州墓、赵忠烈(赵立)墓、张左史(张耒)墓②。

其三是《方舆胜览》在楚州,首先是宴花楼,其下注赵嘏《楚州宴花楼》(亦作陪韦中丞宴扈都头花园)一诗:

门下烟横载酒船,谢家携客醉华筵。寻花偶坐将军树,饮水方重刺史天。

几曲艳歌春色里,断行高鸟暮云边。分明听得舆人语,愿及行春更一年③。

宴花楼在当时为扈都头花园,应为当时的宴客名园。《方舆胜览》值得关注的是题咏跟四六,其他景点前面已有所提及。"芜城枕楚田"这出自温庭筠《送淮阴县令》;"淮水东南第一州"这出自白居易《赠郭使君》;"山阳太守政严明"这出自白居易《枸杞井》;"韩、枚、步骘建三亭"这出自晁端彦诗;"秋灯点点淮阴市"这出自陈羽《宿淮阴县作》;"刘伶台下稻花晚"这出自许用诲诗;"雒耕今是一雄藩"这出自杨廷秀《楚州新城》诗④。

四六则有⑤:"维今东楚,实国北门","大江前流,长淮却阻","长淮奥壤,表海名邦","既护藩篱,孰窥堂奥","郡居江北,既严护于近畿,路出山东,更清于小丑","邦人还定,各安鸿雁之居,海

① 《舆地纪胜》卷 39,第 1653—1654 页。
② 《舆地纪胜》卷 39,第 1654 页。
③ 《赵嘏诗注》第 56 页。
④ 《方舆胜览》卷 46,第 823—824 页。
⑤ 《方舆胜览》卷 46,第 824 页。

道肃清,更惜鲸鲵之浪","袭韩信之故封,宜知兵略,访枚皋之旧宅,益倡文风","兵卫森罗,既作淮壖之重镇,舟师毕集,又居海道之要冲"。

在宝应州,可见孝仙桥,其下有苏东坡的《记鬼》:

> 秦太虚言:宝应民有以嫁娶会客者,酒半,客一人竟起出门。主人追之,客若醉甚将赴水者,主人急持之。客曰:"妇人以诗招我,其辞云:'长桥直下有兰舟,破月冲烟任意游。金玉满堂何所用,争如年少去来休。'仓皇就之,不知其为水也。"然客竟亦无他①。

这个故事场景就发生在宝应的孝仙桥。宝应的山川有箕山、云山、射阳湖、清水湖、范光湖、安宜溪、白水陂②。云山在宝应城西南 120 里,山下有白龙潭③。

射阳湖在州城北 15 里,其西多丘阜④。清水湖在城南 5 里,范光湖在城西南 30 里⑤。宝应原名安宜,安宜溪在州城西南 40 余里,白水陂在城西 80 里⑥。古迹则有高黎王城,在县西 80 里,金牛城,在县南 15 里⑦。

宝应州的题咏有⑧:"贱买鱼虾已厌烹",这出自吕本中《行次

---

① 《苏东坡全集》册 5,第 2451 页。《记鬼》。
② 《方舆胜览》卷 46,第 825 页。
③ 《方舆胜览》卷 46,第 825 页。
④ 《方舆胜览》卷 46,第 825 页。
⑤ 《方舆胜览》卷 46,第 825 页。
⑥ 《方舆胜览》卷 46,第 825 页。
⑦ 《方舆胜览》卷 46,第 825 页。
⑧ 《方舆胜览》卷 46,第 826 页。

宝应》一诗:"有诗云半升浊酒试葶羹,贱买鱼虾已厌烹。浅水依
蒲有舡过,淡烟笼月更人行"。"闻说德宗曾到此",这出自陶应
《题宝应县》一诗:"雪楼当月动清寒,渭水梁山鸟外看。闻说德宗
曾到此,吟诗不敢倚栏干"。四六则有①:"疏绅宸廷,分符边垒"粤
由男国,陞建侯邦","既重蚕桑之务,亦为鱼稻之乡)","石鳖置城
昔号屯兵之地,铜鱼分治今为固圉之邦","宝玺纪祥盖古今之嘉
瑞,铜符疏渥当南北之要冲","广陵东楚既应援之匪遥,渭水梁山
亦鼓行之甚易","城惟斗大虽云犹劣于十同,地近风寒要使雄当
于一面"。

二、泗州

楚州的诗探讨完,接着探讨泗州的诗,陆畅《夜到泗州酬崔使
君》:"徐城洪尽到淮头,月里山河见泗州。闻道泗滨清庙磬,雅声
今在谢家楼。"②陆畅诗中提到一些地名,徐城为泗州的徐城县,武
后长安 4 年(704),自徐城县分出临淮县,因临淮"地当水口,为南
北御要之所",唐玄宗开元年间,将州治迁往临淮,宋代时,将徐城
县废弃,并入临淮县③。在泗水河滨听到庙磬的声音,而雅正之乐
却只能到谢家楼才能听到。陆畅诗中提到的谢家楼,应为唐代泗
州的名楼,文人墨客常前往该处。

宋代秦观的《泗州东城晚望》:"渺渺孤城白水环,舳舻人语夕
霏间。林梢一抹青如画,应是淮流转处山"④。这首诗是秦观在泗

---

① 《方舆胜览》卷 46,第 826 页。
② 《全唐诗》卷 478,第 5444 页。
③ 《太平寰宇记》卷 16,第 311—312 页。
④ 徐培均笺注:《淮海集笺注》,上海:上海古籍出版社,2000 年,第 422 页。

州东城写下。蔡襄《泗州登马子山观漕亭》：

> 庙社奠东都，恃德非恃险。聚兵三十万，待哺无容歉。
> 西有砥柱峻，菽麦不逾陕。齐鲁粮食艰，灞水不激滟。唯余
> 汴渠利，直贯长淮赚。岁输六百万，江湖极收敛。挽送入太
> 仓，因陈失盖弇。将漕苟不登，汝职兹为忝。或谓取太多，六
> 路有丰俭。其间一不熟，饥殍谁能掩。一旦俾之粟。是人意
> 常慊。区处失其宜，斯言反为玷。尝欲请增减，革孚亦须渐。
> 连营今饭稻，香美若菱芡。因循未易论，官曹畏书检。虚亭
> 一临眺，比比危墙飐。来从数千里，岁时空苒苒。雨余山气
> 兆，黛色浅深染。夜昏渔火出，倏忽电光闪。须臾月色空，水
> 面铺寒簟。相逢喜疲旧，城柝屡移点。因语发长谣，谁能刊
> 琬琰①。

蔡襄在泗州的马子山上观漕亭写下此诗，"唯余汴渠利，直贯长淮
赚。岁输六百万"这句写到了泗州的漕运极为兴盛，一年可以运
输六百万。"连营今饭稻，香美若菱芡"，这形容稻米的香气极佳。
张耒在《离泗州冒大雪》提道：

> 阴风驾长淮，铁马一百万。孤舟犯其垒，白羽一挥散。
> 崩腾中夜雪，千里照组练。干坤合冥蒙，远色辨波面。云端
> 数寸塔，仅若簪出弁。寒飞不远林，瘦植冻依岸。龟山晚沽
> 酒，旅食烹野雁。惜哉吾里丰，一亩不素办②。

① 《全宋诗》卷387，第4775页。
② 《张耒集》卷11，第198页。

张耒在离开泗州后,遇到"阴风驾长淮",在淮河上会受到风的影响,须等风,张耒遇到了风至长淮。张耒在龟山买到了酒,并以野雁下酒。龟山,我们在之后会提到龟山的龟山寺。

苏轼有些诗有写到泗州,首先看到《浣溪沙,元丰七年十二月二十四日从泗州刘倩叔游南山》:

> 细雨斜风作晓寒。淡烟疏柳媚晴滩。入淮清洛渐漫漫。雪沫乳花浮午盏,蓼茸蒿笋试春盘。人间有味是清欢①。

苏轼找了泗州的朋友刘倩叔,同游泗州附近,淮河南边的南山,沿途鲜嫩的蓼茸跟蒿笋与乳花带来了山野的情景。蓼茸是蓼菜的嫩芽,蓼菜生长在水边或湿地,这印证了南山在离淮水不远处,故生此植物。

苏轼《行香子(与泗守过南山晚归作)》:

> 北望平川,野水荒湾。共寻春、飞步屧颜。和风弄袖,香雾萦鬟。正酒酣适,人语笑,白云间。飞鸿落照,相将归去。淡娟娟,玉宇清闲。何人无事,宴坐空山。望长桥上,灯火乱,使君还②。

苏轼此诗也是因经过南山,晚归所作。苏轼《泗州除夜雪中黄师是送酥酒》:

---

① 《苏东坡全集》册2,第1007页。
② 《苏东坡全集》册2,第977页。

暮雪纷纷投碎米，春流咽咽走黄沙。旧游似梦徒能说，逐客如僧岂有家。冷砚欲书先自冻，孤灯何事独成花。使君半夜分酥酒，惊起妻孥一笑哗。关右土酥黄似酒，扬州云液却如酥。欲从元放觅挂杖，忽有曲生来坐隅。对雪不堪令饱暖，隔船应已厌歌呼。明朝积玉深三尺，高枕床头尚一壶①。

苏轼在泗州获赠酥酒，酥酒是古代的名酒，因而苏轼写此诗庆祝。黄使君夜半赠酥酒，使苏轼"惊起妻孥一笑哗"。"关右土酥黄似酒，扬州云液却如酥"关中的土酥（酥酪）黄得像酒，扬州的云液（酒）却看起来像酥，这句是形容酥酒，笔者以为黄使君赠酥酒，应为泗州当地的酒，因泗州玻璃泉产名酒。

苏轼写了《泗州南山监仓萧渊东轩二首》：

偶随樵父采都梁，〈〈（南山名都梁山，山出都梁香故也。）〉竹屋松扉试乞浆。但见东轩堪隐几，不知公子是监仓。溪中乱石墙垣古，山下寒蔬匕箸香。我是江南旧游客，挂冠知有老萧郎。

北望飞尘苦昼霾，洗心聊复寄东斋。珍禽声好犹思越，野橘香清未过淮。有信微泉来远岭，无心明月转空阶。一官仓庾真堪老，坐看松根络断崖②。

从这首诗我们可以看到，南山名曰都梁山，有提到这边有野橘、寒蔬、珍禽等，这首诗主要是苏轼去拜访泗州的萧渊，在他的东轩写

---

① 《苏东坡全集》册1，第435页。
② 《苏东坡全集》册1，第434页。

下这两首诗。接着是苏轼写给表弟的《送程七表弟知泗州》：

> 江湖不在眼，尘土坐满颜。系舟清洛尾，初见淮南山。淮山相媚好，晓镜开烟鬟。持此娱使君，一笑簿领间。使君如天马，朝燕暮荆蛮。时无王良手，空老十二闲。聊当出毫末，化服狡与顽。勿谓无人知，古佛临涛湾。赤子视万类，流萍阅人寰。但使此可人，余事真茅菅①。

苏轼的表弟知泗州，里面提到淮南山、淮山等景点。苏轼写下了《过淮》：

> 朝离新息县，初乱一水碧。暮宿淮南村，已渡千山赤。磨蹄号古戍，雾雨暗破驿。回头梁楚郊，永与中原隔。黄州在何许，想象云梦泽。吾生如寄耳，初不择所适。但有鱼与稻，生理已自毕。独喜小儿子，少小事安佚。相从艰难中，肝肺如铁石。便应与晤语，何止寄衰疾。〈（时家在子由处，独与儿子迈南来。）②

"暮宿淮南村，已渡千山赤"写到了苏轼夜宿淮南村，而后过淮。这首诗提到苏轼与其子苏迈南下黄州，而家人在苏辙那边，这首诗应写于苏轼赴黄州期间。而后苏轼又写了《过淮三首赠景山兼寄子由》：

---

① 《苏东坡全集》册 1，第 507 页。
② 《苏东坡全集》册 1，第 356 页。

　　好在长淮水,十年三往来。功名真已矣,归计亦悠哉。
今日风怜客,平时浪作堆。晚来洪泽口,捍索响如雷。

　　过淮山渐好,松桧亦苍然。蔼蔼藏孤寺,冷冷出细泉。
故人真吏隐,小槛带岩偏。却望临淮市,东风语笑传。

　　回首濉阳幕,簿书高没人。何时桐柏水,一洗庾公尘。
此去渐佳境,独游长惨神。待君诗百首,来写浙西春①。

诗中提到淮河、洪泽口、松桧、寺庙、清泉、临淮市、濉阳、桐柏水等
景物。

　　最后是地理书中所保留的泗州景物(点),从地理书的记载可
以看到宋代时期的景物。首先是《太平寰宇记》泗州原领七县,后
存临淮县、盱眙县、招信县。另涟水县割出为涟水军,宿迁割入淮
阳军,徐城县并入临淮县②,故剩3县。临淮县,本徐城县地,地当
水口,为南北御要之所③。在县西50里有甓山,隋大业十二年,赵
征君于此读书,时人慕其德行,遂立祠。遇旱,州人祈祷④。　磬
石山,即《尚书》所谓"泗滨浮磬"⑤。在县东10里有红蓝河,相传
因为隋炀帝宫人种红蓝于此而得名⑥。

　　在泗州城北30里,有徐州故城,在城中有徐偃王庙,挂剑
台,这个故徐城为古徐国的所在,又名薄薄城,今呼为故故城⑦。
在旧徐城北30里(徐州城北60里),有吴城(高平郡城),东临废

① 《苏东坡全集》册1,第334页。
② 《太平寰宇记》卷16,第311页。
③ 《太平寰宇记》卷16,第311页。
④ 《太平寰宇记》卷16,第311页。
⑤ 《太平寰宇记》卷16,第311页。
⑥ 《太平寰宇记》卷16,第311页。
⑦ 《太平寰宇记》卷16,第311—312页。

通济渠①,宋代通济渠逐渐废弃,这个吴城应该就慢慢失去水运之便。吴城(高平郡城)是因为太建六年(574),陈将吴明彻于此置高平郡,后于隋开皇4年(584)废弃②,约10年就废弃。沥桥城为天监2年(503)所筑的戍城在徐城县西南二十五里,南临沥水,因而得名③。

从表4-1-2来看,A、B、C、D、E为泗州附近曾经修筑过的城池,F、G、H、K、L、M、P、Q为祠堂与坟墓之类,I为韩信坛遗址,J、N为自然景点,O为废弃的徐城县,后并入临淮县。以上为泗州在宋代时能看到的景点。

表4-1-2 《太平寰宇记》卷16临淮县的景物④

A	南重冈城　亦隋重冈县城也,在旧徐城县西北九十里,通济渠南一里平地。隋大业八年移县于此置,十年筑城,隋末废。缘重冈山为名。
B	李千城　即后魏戍也,在徐城县西北三十里。后魏熙平元年李千于此城置戍,因名。
C	高冢城　魏义与郡城也,在徐城县西北七十里平地。旧经云:"梁以为兴安郡领高冢城,属东徐州,高齐初废。"
D	淮阳城　在徐城县东北一百五十里,西临泗水。晋义熙年中于此置淮阳郡。宋元嘉二十五年,封皇子彧为淮阳王。贞观二年废。又按《郡国志》云:"淮阳县有抱月城,城抱淮泗之水,形势似月也。"
E	古屯城　在徐城县西南八十五里。陈太建五年,大将吴明彻于此置堰,断淮水以灌濠州,缘此筑城置兵防守。其城南北作隔,分为两城。淮南招义县界又有一城临水,南北相对,亦是同时筑,名为屯城。

①《太平寰宇记》卷16,第313页。
②《太平寰宇记》卷16,第313页。
③《太平寰宇记》卷16,第313页。
④《太平寰宇记》卷16,第313—317页。

F	马给事祠　在县东一里台子山上。按《魏国志》云："名钧,字德衡。魏明帝时官至给事,有伎巧之妙,造指南车,转注百戏。后人慕其德,遂立祠焉。" 都梁宫　周回二里,在县西南十六里。大业元年炀帝立名,宫在都梁,东据林麓,西枕长淮,南望岩峰,北瞰城郭。其中宫殿三重,长廊周回。院之西又有七眼泉,涌合为一,流于东泉上,作流杯殿。又于宫西南淮侧造钓鱼台,临淮,高峰别造四望殿,其侧有曲河,以安龙舟大舸,枕向淮湄。萦带宫殿。至十年,为孟让贼于此置营,遂废。
G	义帝祠　在盱眙东一里台子山上。按《汉书》云："秦二世二年初,立楚怀王都此。汉立庙。"
H	淮渎祠　在淮南岸斗山下。淮涡神　在龟山之下。《淮阳记》按《古岳渎经》云："禹治水,三至桐柏山,乃获淮涡水神,名曰无支祁,善应对言语,辨江淮之浅深,原隰之远近。形若狝猴,缩鼻高额,青躯白首,金目雪牙,颈伸百尺,力逾九象,搏击腾踔,疾奔轻利倏忽间,人视之不可久。禹授之童律,童律不能制。授之乌木田,乌木田不能制。授之庚辰,庚辰能制。颈鹢脾柏,木魅水灵,山妖石怪,奔号丛绕以千数。庚辰以戟逐之,遂颈锁大索,鼻穿金铃,徙淮泗阴,锁龟山之足,淮水乃安流注于海。后唐永泰初,李汤任楚州刺史,时有渔人夜钓于龟山之下。其钩为物所制,不复出。渔者健水,疾沈于底,可五十丈,见大铁锁盘绕山脚,寻不知极。渔人遂告汤,汤命渔人及能水者数十人,获其锁,力不能制,加以大牛五十头,锁乃振动,稍稍就岸。时天无风,惊波翻浪,观者大骇,缘之锁末,见一兽,状如青猿,白首长鬣,雪牙金爪,闯然起岸,高五丈许,蹲踞起伏若狝猴,但两目不能视,兀若昏醉。耳、目、口、鼻皆悉水流如泉,涎沫腥秽不可近。久乃引颈伸欠,双眸忽开,光彩若电,顾视人焉,欲发狂怒。观者疾走,兽亦徐徐引锁拽牛没于水去。时楚多名士,与汤相顾愕然,不知其由,兽竟不复见,逐来渔者时知锁所在。
I	韩信坛　在县东南七里,今有坛基见在,并地境南至颍水,北至榆城,东至海渠,西至淮泗。
J	云母山　出云母石,彭祖尝采服之。

（续表）

K	漂母冢　在县北十里河北岸。
L	邓艾庙　在白水陂上,去县南一百二十里。艾于此置屯田四十九所,其陂东西长三十五里,去县百里。
M	朱买臣墓　华陀墓　韩朋墓　三墓皆在邑界。淮、泗、沭三水经邑界。
N	永泰湖　在县北五十里。大业三年开通济渠,塞断沥水,自尔成湖,因乡为名,出赤背鲫鱼,时人呼为朱衣鲋。九山　在徐城县西北七十里,临淮。
O	废徐城县　在州西五十里,六乡。《汉志》:"徐县,故嬴姓国。"《都城记》云:"伯益之后。伯益有二子,大曰大廉,封鸣俗氏,秦其后也。小曰若水,别为费氏,居南裔为诸侯。至夏氏末,其君费昌去夏归商,佐汤伐桀有功,入为卿士,以其本国为畿内之采地。而汤更封费子之庶子于淮泗之间徐地,以奉伯益之祀,复命为伯,使主淮夷。至成王即位,封伯禽于鲁,徐子率淮泗之夷并叛。即《书序》云:"鲁公宅曲阜,徐夷并兴,东郊不开。"当是时,成王以徐戎之属,锡之山川,土田附庸。又曰:"保有凫峄。"遂荒徐宅。至穆王末,徐君偃有德,好仁义,东夷之国归之者四十余国。穆王西巡,闻徐君威德日远,乘八骏之马,使造父御之,更遣楚师袭其不备,大破之,杀偃王。其子遂北徙彭城武原东山之下,百姓赴之者万数,因名其所依山曰徐山,即此地也。后为吴所灭,亦号大徐城。汉为县。至皇朝建隆二年,并入临淮县。
P	睢陵　在县界。
Q	徐君墓　季札挂剑之所。按《舆地志》云:"季札初使鲁,北过徐,徐君好其剑,不敢言。季札心知之,为使上国未还,及还,徐君已死,解剑悬于墓。从者曰:"尚谁与乎?"季子曰:"吾心许之,岂以死背吾心哉!""

　　接下来是泗州的盱眙县,参看表 4‑1‑3:

表 4‐1‐3　《太平寰宇记》卷 16 盱眙县的景物①

A	都梁山　在县南一十六里。《广志》云："都梁山生淮兰草,一名都梁香草,故以为名。"在楚州西南二百九里。又阮升之《记》云："都梁山通钟离郡,广袤甚邃,出桔梗、芫花等药。"伏滔《北征记》云："有都梁香草,因以为名。"
B	斗山　在县西南,与都梁山相连枕,当淮水险峻,名曰斗山。
C	东阳山　在县东七十五里,阮升之《记》云："东阳山有池水,一名天井,冬夏水深五丈,今见在。又有故城,不详所置年代。"
D	台子山　在县东一里。按《宋书》云："元嘉二十七年,宋将臧质屯兵盱眙城内以拒魏师,魏引军士造弩台以射城中,因以为名。"按:台子山在楚州西南百九十四里。
E	长围山　在县北七里。按《宋书》云："元嘉二十七年,宋文帝遣臧质拒魏武帝,遂于梁山筑长围城,楚造浮桥,绝水路。"即此山,又改为长围山。当在楚州西南一百八十里。
F	盱眙山　在县东四十里。按阮升之《记》云："其山形若马鞍,遂名马鞍山。"天宝中,改为盱眙山,在楚州西南二百三十里。
G	赤栏浦　在县城南二里,上作赤栏桥,遂因名。其水浅曲,不通舟楫。
H	鸣鹤塘　在县东十五里。其塘众鹤所集,尤多鸣唳,以为名。
I	新开直河　在县城北六十步县郭内。其淮河决开至黄土冈。太极元年,敕使魏景情奏开淮水向扬州。
J	义帝祠　置在台子山上,去县东一里。按《汉书》:"秦二世初,天下大乱,项羽为盟长,立楚怀王孙心为义帝,都盱眙县。后羽迁义帝于彭城。"至晋义熙中,于此置盱眙郡。至东魏郡废,其城古老相传谓之皇城,盖义帝旧居也,今祠见存。

----

① 《太平寰宇记》卷 16,第 317—320 页。

(续表)

K	王彭父墓　在县东北一十七里。按《宋书》云:"王彭者,盱眙人也,少丧母,元嘉中又丧父。家贫,无以营葬,乡里各出夫力助作砖。砖须水而天旱,遂汲不周,彭号天自诉。一旦大雾,雾歇,砖灶前忽生泉水,葬事毕,水便自竭。"今墓存。
L	废臧质城　西近淮水。按《宋书》云:"元嘉二十七年,遣将臧质屯兵于盱眙县,筑城以拒魏师。"隋大业十年,孟让贼据都梁宫,其年,江都通守王世充修理此城,屯兵破贼。至唐武德六年,辅公祐江南作逆,徐州道副元帅任瑰与李绩等在此屯军,聚造器械。至七年,破辅公祐以定江南。军去之后,空废。
M	东阳故城　北至东阳山,周回十里,在县东七十五里。按《史记?项羽纪》注云:"东阳县本属临淮郡,汉明帝分属下邳,后复分属广陵。"又陈婴为东阳令史。又云:"楚汉之际,曾以为荆国,封刘贾为荆王。而东阳即此地也。"
N	废鲁城　在县南三十里。按后魏《地形志》:"鲁县属淮阴。"隋初废。
O	古营屯　在今县西北八十里,乃三国以来营屯之所。
P	都梁驿宫　在县东南十五里。隋开皇六年,炀帝在都梁山避暑,回向扬州,因此路置,向东一百一里入扬州高邮界。

　　从表4-1-3中A、B、C、D、E、F为山,其中A都梁山因芳草得名,D、E、F与L都是因为臧质而留下事迹,D台子山为臧质抵御北魏太武帝的围城,北魏军从台子以弓矢射宋军,E则是为了围困臧质与宋军而围城。L则是之后刘宋为了抵御北魏,让臧质屯兵于此。G、H、I为浦塘类,J最为重要因为楚汉相争时,盱眙为项羽所拥立义帝的首都,而后于台子山上有义帝的祠堂,至宋代仍可见。K为当地人墓,M与N为昔日故城所在,O为三国营屯所在,P为隋炀帝的避暑驿宫。以上为泗州盱眙县在宋代时能看到的景点。

　　接下来是泗州的招信县,参看表4-1-4:

表4-1-4 《太平寰宇记》卷16招信县的景物①

A	古奔精城　在县南六十里平地。古老相传云，是蛮奔精王所筑，未详年代。唐武德二年，刺史杨益置为睢陵县。至武德四年，刺史夏侯雄才废。
B	古淮陵城　在县西北二十五里。《汉书地理志》云："汉为淮陵县。王莽改为淮陆，未详废置。"
C	古济阴城　在县东二里。宋泰始二年筑，置济阴郡，北带长淮。河清三年，水溢淹倒，缘淮州郡多徙，此城遂废。至唐武德二年，土人杨益自据为化州刺史，未知所属，于此城内置济阴县。四年，归国。七年，废化州并县。
D	古公路城　在北六十里平地，城北带淮水。《后汉书袁术传》云："术字公路，献帝建安二年僭号九江。术率兵击杀陈王宠。曹操征之，术闻大骇，乃渡江筑此城以自据。啄戈河　在县东二百步，其河阔四十丈。
E	玉环山　在县西二十五里，又名女山。状如玉环，形势回旋。
F	浮山　在县西七十里。下有石穴，每淮波泛溢，不能没其穴。

表4-1-4里面A、B、C、D为山，D为袁术为了抵御曹操所修筑，在淮泗地区，有些景点都跟袁术有关，以其字公路命名。A古奔精城相传为蛮奔精王所筑，后在唐代修筑为睢陵县，而B为汉代的淮陵县。C的史料告诉我们，在招信县的范围，受限到水患，缘淮州郡多徙，所以古济阴城因而废弃。E、F为山，泗州招信县的城跟景物较少，笔者以为或许与C中提到的水患有关。

在探讨完《太平寰宇记》中泗州的部分，接下来探讨《舆地纪胜》中泗州的部分（节录）。东山，在郡治之东，山上有延昌观②。在招信县西70里的浮山，其浮山堰下有石穴，每当淮水泛溢时，

①《太平寰宇记》卷16，第320—321页。

②《舆地纪胜》卷44，第1790页。

都不能淹没其穴[1]。石城本为三国时期,袁术攻打刘备,刘备屯兵于盱眙,而关羽屯兵于此,俗称关城,宋代时为罗汉院[2]。皇城,即义帝旧都,在郡东北 25 里的长围山侧[3]。鲁城即因三国时期鲁肃为临淮东城人,故在郡东 30 里的鲁城因鲁肃而得名[4]。宋城在郡东南 80 里的平源镇北,屈城在郡东 70 里云南山,塌山为陡山,有路可以避开,自屈城渡这地方渡过淮水[5]。榷场,即南宋绍兴 2 年由沈该设立榷场,每交易千钱,收 5 厘息钱[6]。接下来是淮山楼为旧都梁台,与同乐楼都在郡治[7]。清淮楼在市街之东[8],这里可以得知有市街。在玻璃泉上有起秀亭,浮山顶上有浮空亭,亭前有翠屏堂[9]。绣谷亭在崇福寺,北望亭在杏村,濯缨亭在郡东门外 2 里处[10],以上等等为泗州的景物。

最后是泗州在《方舆胜览》的堂亭可以补充的有清淮堂,在百花巖前,蒋颖叔有诗"绿野有佳气,清淮无点尘"形容[11]。淮山堂在玻璃泉的起秀亭下,云山堂为郡守霍篪所创,以苏东坡诗句的"一看云山绕淮甸"而命名[12]。寺观有浮山山顶的灵巖寺,即白居易的《宿寺上院》诗,赵碬的《宿寺》诗,罗邺的《夏日宿寺宗宫院》诗的所在[13]。

---

① 《舆地纪胜》卷 44,第 1791 页。
② 《舆地纪胜》卷 44,第 1791 页。
③ 《舆地纪胜》卷 44,第 1791 页。
④ 《舆地纪胜》卷 44,第 1791 页。
⑤ 《舆地纪胜》卷 44,第 1791 页。
⑥ 《舆地纪胜》卷 44,第 1791—1792 页。
⑦ 《舆地纪胜》卷 44,第 1792 页。
⑧ 《舆地纪胜》卷 44,第 1792 页。
⑨ 《舆地纪胜》卷 44,第 1792 页。
⑩ 《舆地纪胜》卷 44,第 1792 页。
⑪ 《方舆胜览》卷 47,第 842 页。
⑫ 《方舆胜览》卷 47,第 842 页。
⑬ 《方舆胜览》卷 47,第 842 页。

《方舆胜览》的题咏如下①："落帆逗淮镇"这出自韦应物的诗；"白烟横海戍"这出自崔峒的《送陆明府之官盱眙》诗；"平沙依雁宿"这出自韦建的《泊舟盱眙》诗；"系舟清洛尾"这出自苏轼的《送程七表弟知泗州》诗；"山凝翠黛孤峰迥"这出自李绅的《入淮至盱眙》诗；

"隔淮云海暗人家"这出自苏轼的诗；"清淮浊汴争强雄"与"鱼跃银刀正出淮"，都出自苏辙的诗；"舡头出汴翠屏间"这出自米元章的诗；"淮增汴水长流急"这出自李昭玘的诗。

《方舆胜览》的四六如下②："近控长淮，俯临古汴"、"刻都梁之画境，实北鄙之要藩"、"河东萦而西带，川涂南往而北来"、"襄沧左衽之区，讫从效顺，今际右文之世，可冀升平"、"边锋未息，适当敌境之要冲，郡政素脩，庸作淮壖之保郭"、"疮痍未复，惊鸿有待于慰安，唇齿相依，虓虎当严于守卫"、"况贸迁有无，欲阜通于商旅，而还定安集，在摩抚于人民"。以上为《方舆胜览》的泗州部分。

第二节　文人作品中的徐州与海州

一、徐州

讲到徐州的诗，唐代徐州节度使王智兴作了《徐州使院赋》："三十年前老健儿，刚被郎中遣作诗。江南花柳从君咏，塞北烟尘

① 《方舆胜览》卷47，第843—844页。
② 《方舆胜览》卷47，第844页。

我独知"①。王智兴是武将出身,然后因为唐代武宁军为漕运重镇,所以派武将镇守,关于王智兴与武宁军一事,可参见卢建荣《咆哮彭城》一书②。徐州是军事要地,也是南北水运的重镇,故以王智兴的诗起始。

接着为皇甫冉《奉和王相公早春登徐州城》:"落日凭危堞,春风似故乡。川流通楚塞,山色绕徐方。壁垒依寒草,旌旗动夕阳。元戎资上策,南亩起耕桑"③
皇甫冉的诗记录了王相公登上徐州城一事情,接下来是宋代苏洵。

苏洵作《送王吏部知徐州》:

> 东徐三齐之南邻,夫子岂是三齐人。辞嚣乞静得此守,走兔入薮鱼投津。徐州胜绝不须问,请问项籍何去秦?江山雄豪不相下,衣锦游戏欲及晨。霸王事业今已矣,但有太守朱两轮。还乡据势与古并,岂有汉戟窥城闉。论安较利乃公胜,行矣正及汴水匀④。

除了苏洵写过徐州的诗,其子苏轼因为在徐州担任过两年的太守,也写下了很多首诗,根据《苏轼徐州诗文辑注》苏轼在徐州有诗文 230 篇,诗 193 篇,词 21 首,文章 116 篇⑤。这边撷取跟徐州风景人文比较相关的部分。首先是《春步西园见寄》:"岁岁开

---

① 《全唐诗》卷 314,第 3536 页。
② 卢建荣:《咆哮彭城唐代淮上军民抗争史(763-899)》,北京:北京大学出版社,2014年。
③ 《全唐诗》卷 250,第 2827 页。
④ 《全宋诗》卷 351,第 4365 页。
⑤ 《苏轼徐州诗文辑注》,第 1 页。

园成故事,年年行乐不辜春。今年太守尤难继,慈爱聪明惠利人。"根据查慎行《苏诗补注》:"宋制,州守每岁二月开园,散父老酒食"①。苏轼在徐州的西园散给父老酒食,其作了此诗纪念。

苏轼写了《东栏梨花》一诗:"梨花淡白柳深青,柳絮飞时花满城。惆怅东栏二株雪,人生看得几清明?"从这首诗我们可以看到徐州地区梨花树与柳树非常繁盛,故当柳树的柳絮散布到全城的时候,苏轼感叹"人生看得几清明?"在苏轼治理徐州的时候,柳树与柳絮成为徐州一景,而梨花树的淡白与柳树的深青形成鲜明的色调。笔者不禁想到在淮安的岁月,柳絮飘飘也是淮安四五月特殊的一种景象。

关于百步洪这个景点,苏轼与颜长道同游百步洪时,还一起筑亭种柳。苏轼特别写下《次韵子由与颜长道同游百步洪,相地筑亭种柳》一诗,加以铭记。其内容如下:

> 平明坐衙不暖席,归来闭阁闲终日。卧闻客至倒屣迎,两眼蒙笼余睡色。城东泗水步可到,路转河洪翻雪白。安得青丝络骏马,蹙踏飞波柳阴下。奋身三丈两蹄间,振鬣长鸣声自干。少年狂兴久已谢,但忆嘉陵绕剑关。剑关大道车方轨,君自不去归何难。山中故人应大笑,筑室种柳何时还②。

百步洪作为徐州的景点,苏辙在《陪子瞻游百步洪》中也有所叙述:

---

① 《苏轼徐州诗文辑注》,页 5。
② 《苏东坡全集》,册 1,页 276。

城东泗水平如席,城头远山涵落日。轻舟鸣橹自生风,渺渺江湖动颜色。中洲过尽石纵横,南去清波头尽白。岸边怪石如牛马,衔尾舳谁敢下?没人出没须臾间,却立沙头手足干。客舟一叶久未上,吴牛回首良间关。风波荡漾未可触,归来何事尝艰难。楼中吹角莫烟起,出城骑火催君还①。

苏辙陪苏轼游百步洪,其岸边怪石林立,形状如牛马一般,这里可以确定应该是岩岸性质的河岸。从百步洪望去当时泗水上的船为摇橹船(其形制应如下图)。

图4-2-1 摇橹船(周庄,许峻维自摄)

苏轼另有《百步洪》诗两首,先来看他的诗序:

王定国访余于彭城。一日,棹小舟,与颜长道携盼、英、卿三子游泗水。北上圣女山,南下百步洪,吹笛饮酒,乘月而归。余时以事不得往。夜著羽衣,伫立于黄楼上,相视而笑,

---

① 《栾城集》卷6,第152页。

以为李太白死,世间无此乐三百余年矣。定国既去逾月,余
复与参寥师放舟洪下,追怀曩游,已为陈迹,喟然而叹。故作
二诗,一以遗参寥,一以寄定国,且示颜长道、舒尧文,邀同
赋云①。

从诗序中我们可以知道此次出游是因为王定国拜访苏轼,为了接
待好友而成行。除了王定国以外,苏轼还邀请了颜长道父子四
人,他们先北上圣女山游玩,而后南下前往百步洪,这就是苏轼的
旅游路线。中间苏轼一行人还登上了他重修的黄楼。等王定国
回去一个月后,苏轼放舟百步洪时,想起之前的出游,因而写下此
二诗,并寄给好友同赏之。

　　除了百步洪以外,还有景点望䢀亭,可见《登望䢀亭》一诗:
"河涨西来失旧䢀,孤城浑在水光中。忽然归壑无寻处,千里禾麻
一半空。"在徐州的泛舟活动可以看到苏轼的《与梁先、舒焕泛舟,
得临、酿字》的诗名,这代表苏轼等三人泛舟,而苏轼写下此诗。
"买羊酿酒从今始"②这说明徐州的饮食有喝酒食羊的习惯。苏轼
也曾在望䢀亭后提笔留诗纪念,并留于文集③。苏轼此举是为了
让徐州人民能得以记住苏轼写此诗。

　　苏轼的《答吕梁仲屯田》中提到"乱山合沓围彭门,官居独在
悬水村"这首诗写到了在吕梁一地有村名悬水,周边有山合沓重
叠包围着徐州。"居民萧条杂麋鹿,小市冷落无鸡豚。"这边讲到
在市场上应该有猪跟鸡,此处也有麋鹿。

___

① 《苏东坡全集》册 1,第 319 页。
② 苏轼《踵门问道今时矣》。
③ 题《登望䢀亭》诗:"仆在彭城大水后,登望亭,偶留此诗,已而忘之。其后,徐人有诵
之,徐思之,乃知其为仆诗也。"

关于徐州的台头寺,苏轼有诗名"台头寺雨中送李邦直赴史馆,分韵得忆字人字,兼寄孙巨源二首其一,"这边的台头寺庙指的是戏马台上的寺庙,戏马台在徐州城南三里,为项羽所筑,刘宋时期在戏马台上建寺,即为台头寺①。

关于戏马台,苏轼写下《与舒教授、张山人、参寥师同游戏马台,书西轩壁,兼简颜长道二首》:

> 古寺长廊院院行,此轩偏慰旅人情。楚山西断如迎客,汴水南来故绕城。路失玉钩芳草合,林亡白鹤古泉清。淡游何以娱犀老,坐听郊原琢磬声②。

苏轼与友人出游的这首诗,其中古寺就是台头寺,他们一行因为苏轼的诗留下了剪影。

苏轼在晚上漫步台头寺时,写下《台头寺步月得人字》一诗:

> 风吹河汉扫微云,步屧中庭月趁人。浥浥炉香初泛夜,离离花影欲摇春,遥知金阙同清景,想见毡车辗暗尘。回首旧游真是梦,一簪华发岸纶巾③。

苏轼夜游写下此诗,然台头寺除了是苏轼携友旅游之地外,也是他送别好友的地方。这可见《台头寺送宋希元》④的诗名。

苏轼还有诗名"有言郡东北荆山下,可以沟畎积水,因与吴正

---

① 《太平寰宇记》卷 15,第 298 页。
② 《苏东坡全集》册 1,第 317 页。
③ 《苏轼徐州诗文辑注》,第 225 页。
④ 《苏轼徐州诗文辑注》,第 226 页。

字、王户曹同往相视,以地多乱石,不果。还,游圣女山,山有石
室,如墓而无棺椁,或云宋司马桓魋墓。二子有诗次其韵二首"。
从这首诗名可以知道苏轼曾游北荆山,回来后又爬了圣女山,在
圣女山上遇到了桓魋墓。桓魋墓,位于徐州北 27 里,"石门扇与
石墓堂犹存。"①从苏轼游历再到《太平寰宇记》的记载,桓魋墓相
对来说在宋代是保留比较完整的。

　　苏轼的《起伏龙行》的叙,还记载了徐州城东面 20 里有虎头
潭②,其诗"碧潭近在古城东,神物所蟠谁敢侮。上敧苍石拥岩窦,
下应清河通水府"。这里清楚记载潭水为青色,位于徐州城东,拥
有奇石,并且与泗水相同,此河还盛产河鱼。苏轼在《又送郑户
曹》一诗中,除了记载彭祖楼、戏马台、黄楼等景点以外,还提到了
项羽、吕布两位豪杰,苏轼登上黄楼长啸,感叹人生③。苏轼在《答
王巩》这首诗中也提到"此外有黄楼,楼下一河水",黄楼楼下有河
水流经。这河水为汴水与泗水,故"汴泗绕吾城,城坚如削铁。"此
外苏轼还提到唐代名将李光弼,可见"中有李临淮,号令肝胆裂。"
除了这些以外,苏轼还提到"子有千瓶酒,我有万株菊。"这提到徐
州产酒,也产菊花。

　　苏轼提到黄楼的作品还有很多,如《九日黄楼作》《太虚以黄
楼赋见寄作诗为谢》《黄楼致语口号》,《书子由黄楼赋后》这更是

① 《太平寰宇记》卷 15,第 300 页。

② 《起伏龙行》并叙,徐州城东二十里,有石潭。父老云:"与泗水通,增损清浊,相应不
　差,时有河鱼出焉。"元丰元年春旱,或云置虎头潭中,可以致雷。用其说作《起伏
　龙行》。

③ 水绕彭祖楼,山围戏马台。古来豪杰地,千载有余哀。隆准飞上天,重瞳亦成灰。
　白门下吕布,大星陨临淮。尚想刘德舆,置酒此徘徊。尔来苦寂寞,废圃多苍苔。
　河从百步响,山到九里回。山水自相激,夜声转风雷。荡荡清河流,黄楼我所开。秋
　月堕城角,春风摇酒杯。迟君为座客,新诗出琼瑰。楼成君已去,人事固多乖。他
　年君倦游,白首赋归来。登楼一长啸,使君安在哉?

记载了黄楼的具体情况：

> 子城之东门，当水之冲，府库在焉。而地狭不可以为瓮城，乃大筑其门，护以砖石。府有废厅事，俗传项籍所作，而非也。恶其淫名无实，毁之，取其材为黄楼东门之上。元丰元年八月癸丑，楼成。九月庚辰，大合乐以落之。始余欲为之记，而子由之赋已尽其略矣，乃刻诸石①。

这里提到徐州子城的东门为淮泗两条河流所当冲，然而因为土地狭窄，不能建筑瓮城。只能修黄楼于此。此楼完成于元丰元年（1078）八月癸丑，而《书子由黄楼赋后》则为勒石的内容。

接着来检视《九日黄楼作》、《太虚以黄楼赋见寄作诗为谢》、《黄楼致语口号》等内容。首先是《九日黄楼作》：

> 去年重阳不可说，南城夜半千沤发。水穿城下作雷鸣，泥满城头飞雨滑。黄花白酒无人问，日暮归来洗靴袜。岂知还复有今年，把盏对花容一呷。莫嫌酒薄红粉陋，终胜泥中事锹锸。黄楼新成壁未干，清河已落霜初杀。朝来白露如细雨，南山不见千寻刹。楼前便作海茫茫，楼下空闻橹鸦轧。薄寒中人老可畏，热酒浇肠气先压。烟消日出见渔村，远水鳞鳞山齾齾。诗人猛士杂龙虎，楚舞吴歌乱鹅鸭。一杯相属君勿辞，此境何殊泛清霅②。

---

① 《苏轼徐州诗文辑注》，第 421 页。
② 《苏东坡全集》册 1，第 313 页。

这边提到此诗作于徐州大水的隔年，即去岁重阳之时。这首诗写到日出后能够看到渔村，这说明徐州当地百姓，在城外有以捕鱼为生的村落。

其次为《太虚以黄楼赋见寄作诗为谢》：

> 我在黄楼上，欲作黄楼诗。忽得故人书，中有黄楼词。黄楼高十丈，下建五丈旗。楚山以为城，泗水以为池。我诗无杰句，万景骄莫随。夫子独何妙，雨霓散雷椎。雄辞杂今古，中有屈宋姿。南山多磐石，清滑如流脂。朱蜡为摹刻，细妙分毫厘。佳处未易识，当有来者知①。

苏轼写此诗时，收到别人所写的黄楼词，因而写下此诗。这边提到黄楼高十丈（约 30.7 米），旗杆也有五丈（15.7 米）。徐州以楚山泗水为城池，显得徐州非常壮丽，这也是项羽定都于此的因素之一。

其三为《黄楼致语口号》：

> 百川反壑，五稼登场。初成百尺之楼，适及重阳之会。高高下，既休畚锸之劳；岁岁年年，共睹茱萸之美。恭惟知府学士，民人所恃，忧乐以时。度余力而取美材，因备灾而成胜事。起东郊之壮凰，破西楚之淫名。宾客如云，来四方之豪杰；鼓钟殷地，竦万目之观瞻。实与徐民，长为佳话。一新柱石壮严闉，更值西风落帽辰。不用游从夸燕子，直将气焰压波神。山川尚绕当时国，城郭犹飘广陌尘。谁凭阑干赏风

---

① 《苏轼徐州诗文辑注》，第 167 页。

月，使君留意在斯民①。

"恭惟知府学士，民人所恃，忧乐以时"这代表此文非苏轼所写，这边提到黄楼可见茱萸之美。此文也写在重阳之时，应该是呼应前两首诗。

接下来为苏轼对云龙山的描述，可见《登云龙山》：

> 醉中走上黄茅冈，满冈乱石如群羊。冈头醉倒石作床，仰看白云天茫茫，歌声落谷秋风长。路人举首东南望，拍手大笑使君狂②。

这里提到云龙山上有黄茅岗，岗上乱石林立，像羊群一般。苏轼《题云龙草堂石磐》："折为督邮腰，悬作山人室。殊非濮上音，信是泗滨石。"这边除了黄茅岗的乱石以外，在云龙草堂门口另有大石头—泗滨石，苏轼因而写下此诗。此外苏轼还有《云龙山观烧得云字》一文名，就文名上来看，苏轼等人在云龙山上的云龙山观放火烧材火堆，烧得云字，这个盛会也是蛮有趣的。

接下来是雾猪泉，这泉水位于雾猪山上，苏轼为此泉水写下了两篇诗，都是赠与舒尧文，分别是《雾猪祈雪雾猪泉，出城马上作，赠舒尧文》，跟《次韵舒尧文祈雪雾猪泉》："长笑蛇医一寸腹，衔冰吐雹何时足。苍鹅无罪亦可怜，斩颈横盘不敢哭。岂知泉下有猪龙，卧枕雷车踏阴轴。"苏轼有又因祈雪在雾猪泉写下祝文：

---

① 《苏轼徐州诗文辑注》，第 259 页。
② 《苏东坡全集》，册 1，第 316 页。

> 噫嘻我民,何辜于天。不水则旱,于今二年。天未悔祸,
> 百日不雨。雪不敛尘,麦不盖土。天子命我,祷于山川。侧
> 闻此山,神龙之渊。躬拜稽首,敢丐一勺。得雪盈尺,牲酒
> 是酢①。

苏轼准备了牲酒在此地祈雪,这其实是一种安抚民众的方式,最
终也祈雪成功,降雪超过一尺。

苏轼在知徐州期间还主持了徐州的鹿鸣宴,写下了两篇相关
的诗文。鹿鸣宴是为新科举人所举办的,这代表徐州的文风,故
苏轼任上,写下两篇诗文庆贺。先看到《鹿鸣宴》:

> 连骑匆匆画鼓喧,喜君新夺锦标还。金罍浮菊催开宴,
> 红蕊将春待入关。他日曾陪探禹穴,白头重见赋《南山》。何
> 时共乐升平事,风月笙箫坐夜闲②。

其次为"序徐州鹿鸣宴赋诗叙":

> 余闻之,德行兴贤,太高而不可考;射御选士,已卑而不
> 足行,永惟三代以来,莫如吾宋之盛。始于乡举,率用韦、平
> 之一经;终于廷策,庶几晁、董之三道。眷此房、心之野,实惟
> 孝、秀之渊。元丰元年,三郡之士皆举于徐。九月辛丑晦,会
> 于黄楼,修旧事也。庭实旅百,贡先前列之龟;工歌拜三,义
> 取食莘之鹿。是日也,气,水石。仰观之,俯听二之号。眷焉

---

① 《苏轼徐州诗文辑注》,第 206 页。
② 《苏东坡全集》册 6,第 3054 页。

顾之，有足乐者。于是讲废礼，放郑声。部刺史劝驾，乡先生在位。群贤毕集，逸民来会。以谓古者于旅也语，而君子会友以文。赋笔札，以侑樽俎。载色载笑，有同于泮水，一觞一咏，无愧于山阴。真礼义之遗风，而太平之盛节也。

　　大夫庶士，不鄙谓余，属为斯文，以举是礼。余以嘉祐之初，以进士人官。偶俪之文，畴昔所上。扬雄虽悔于少作，钟仪敢废于南音？贻诸故人，必不我诮也[1]。

首先苏轼提到宋代选士之盛始于乡举，他们在元丰元年（1078）的9月辛丑聚会于黄楼，这边呼应前文提到的黄楼，代表黄楼除了是苏轼的政绩以外，也是举办宴会的所在。"群贤毕集，逸民来会"这边写了宴会的繁盛，苏轼应景地写下此诗叙。

　　苏轼曾在雾猪泉祈雪，作为地方官员除了祈雪外，也需要祈雨。苏轼因此写下《浣溪沙·照日深红暖见鱼》其词后有"徐门石潭谢雨道上作五首"[2]。苏轼祈雨的石潭在城东二十里，常与泗水增减、清浊相应[3]。其诗内容："照日深红暖见鱼，连村绿暗晚藏乌。黄童白叟聚睢盱，麋鹿逢人虽未惯，猿猱闻鼓不须呼。归来说与采桑姑"。苏轼的同僚也曾写诗向苏轼庆贺祈雨成功，故苏轼写下《答郡中同僚贺雨》：

　　水旱行十年，饥疫遍九土。奇穷所向恶，岁岁祈晴雨。虽非为己求，重请终愧古。鬼神亦知我，老病入腰膂。何曾拜向人，此意难不许。重云萎已合，微润先流础。萧萧止还

---

① 《苏轼徐州诗文辑注》，第289页。
② 《苏轼徐州诗文辑注》，第271页。
③ 《苏轼徐州诗文辑注》，第271页。

作,坐听及三鼓。天明将吏集,泥土满靴屦。登城望麰麦,绿浪风掀舞。愧我贤友生,雄篇斗新语。君看大熟岁,风雨占十五,天地本无功,祈禳何足数。渡河不入境,岂若无蝗虎。而况刑白鹅,下策君勿取①。

"岁岁祈晴雨,虽非为己求",这句话写出了苏轼为徐州人民祈雨,非为自己所求。苏轼另有《祈雪祝文》:

水旱辄求,惟吏之羞。有求不倦,惟神之休。乙卯之雪,朕寸而已。如燔舆薪,救以勺水。嘉肴旨酒,既谢且祈。愿终其赐,盈尺为期②。

此文作于元丰元年(1078 年)十二月,应与《祈雪雾猪泉》一文写于同时③。另一篇为《谢雪祝文徐州》,也写于此时④,其文:

天不吝泽,神不忘职。胡为水旱,吏则不德。失政召灾,莫知自刻。雨则号晴,旱则谒雪。神既不谴,又满其欲。四山暮霭,万瓦晨白。驱攘疫疠,甲拆舞麦。牲酒匪报,维以告洁。神食无愧,吏则惭栗。尚飨⑤。

苏轼除了关心徐州百姓的天气问题外,还在寒食宴会上提出口号:

---

① 《苏东坡全集》册 1,第 331 页。
② 《苏东坡全集》册 6,第 3364 页。
③ 《苏东坡全集》册 6,第 3364 页。
④ 《苏轼徐州诗文辑注》,第 405 页。
⑤ 《苏轼徐州诗文辑注》,第 405 页。

良辰易失,四者难并。故人相逢,五斗径醉。况中年离合之感,正寒食清明之间。时乎不可再来,贤者而后乐此。恭惟提刑学士,才本天授,学为人师。事业存乎斯民,文章盖其余事。望之已试翙,翁子还于会稽。知府学士,接好邦,交府、逆之契,义等于天伦;不腆之辞,意勤于地主。力讲两君之好,可无七字之诗?欲使异时,传为盛事。云间画鼓叠春雷,千骑寻芳戏马台。半道已逢山简醉,万人争看谪仙来。淮西按部威尤凛,历下怀仁首重回。还把去年留客意,折花临水更徘徊①。

苏轼也曾莅临景点—藏春阁,并写下《徐州藏春阁园中》:

惭愧今年二麦丰,千歧细浪舞晴空。化工余力染天红。归去山公应倒载,阑街拍手笑儿童。甚时名作锦薰笼词②。

苏轼除了到藏春阁外,也曾莅临燕子楼,这是徐州节度使张建封府第之小楼,以楼角翘如燕翅而得名③。其文:

明月如霜,好风如水,清景无限。曲港跳鱼,圆荷泻露,寂寞无人见。紞如三鼓,铿然一叶,黯黯梦云惊断。夜茫茫,重寻无处,觉来小园行遍。天涯倦客,山中归路,望断故园心眼。燕子楼空,佳人何在,空锁楼中燕。古今如梦,何曾梦

---

① 《苏东坡全集》册2,第810页。
② 《苏轼徐州诗文辑注》,第274页。
③ 《苏轼徐州诗文辑注》,第278页。见注释①。

觉,但有旧欢新怨。异时对,黄楼夜景,为余浩叹[1]。

该文描述了燕子楼的景色,苏轼还参观了佛塔—灵慧塔,并写下塔文。

关于灵慧塔苏轼写了塔文如下:

> 武宁军,今为黄河决溢。流入淮泗,围浸州城,逾月不退。一州吏民,同发至诚,仰告真寂大师化身灵塔。愿垂慈愍,密赐护持,驱除阴云,疏导积水。若十日之内,水退城全。当具灵异事迹,申奏朝廷,乞加谥号,使一方士庶,永远皈依[2]。

从苏轼的塔文中可知,苏轼因为黄河决堤水淹逾月,在人力穷顿之时,前往灵慧塔祭祀,一方面是借由宗教仪式,来安抚自身以及徐州军民的心情,因为在大自然的灾害下,人力有时尽。另外一方面苏轼借由祭祀真寂大师,期望徐州的大水早退,结束水患。

苏轼作《江城子》一首,以向徐州告别:

> 天涯流落思无穷。既相逢,却匆匆。携手佳人,和泪折残红。为问东风余如许?春纵在,与谁同?隋堤三月水溶溶。背归鸿,去吴中。回首彭城,清泗与淮通。欲寄相思千点泪,流不到,楚江东[3]。

---

① 《苏轼徐州诗文辑注》,第 278 页。
② 《苏东坡全集》册 6,第 3366 页。
③ 《苏轼徐州诗文辑注》,第 282 页。

苏轼另有《罢徐州往南京马上走笔寄子由五首》,为下表:

表4-2-1　苏轼《罢徐州往南京马上走笔寄子由五首》①

1	吏民莫扳援,歌管莫凄咽。吾生如寄耳,宁独为此别。别离随处有,悲恼缘爱结。而我本无恩,此涕谁为设。纷纷等儿戏,鞭箠遭割截。道边双石人,几见太守发。有知当解笑,抚掌冠缨绝。
2	父老何自来,花枝袅长红。洗盏拜马前,请寿使君公。前年无使君,鱼鳖化儿童。举鞭谢父老,正坐使君穷。穷人命分恶,所向招灾凶。水来非吾过,去亦非吾功。
3	古汴从西来,迎我向南京。东流入淮泗,送我东南行。暂别还复见,依然有余情。春雨涨微波,一夜到彭城。过我黄楼下,朱栏照飞甍。可怜洪上石,谁听月中声。
4	前年过南京,麦老樱桃熟。今来旧游处,樱麦半黄绿。岁月如宿夕,人事几反复。青衫老从事,坐稳生髀肉。联翩阅三守,迎送如转毂。归耕何时决,田舍我已卜。
5	卜田向何许,石佛山南路。下有尔家川,千畦种秔稌。山泉宅龙蜃,平地走膏乳。异时亩一金,近欲为逃户。逝将解簪绂,卖剑买牛具。故山岂不怀,废宅生蒿穞。便恐桐乡人,长祠仲卿墓。

　　从表4-2-1来看,可以看到苏轼第一首提到了别离,第二首提到了水患,苏轼谦虚地认为水患的安定并非他的功劳。第三首提到古汴水西来,迎苏轼东入淮泗,送其前往东南的南京,诗中还提到彭城与黄楼,苏轼的诗词中常提到徐州的黄楼。第四首提到了麦子与樱桃,第五首提到了异时亩一金,近欲为逃户,这是土地价格上涨的原因,还提到了景点仲卿墓。

　　接下来可以看到汪元量作《徐州》一诗:

---

① 《苏东坡全集》册1,第332页。

白杨猎猎起悲风,满目黄埃涨太空。野壁山墙彭祖宅,
座花粪草项王宫。古今尽付三杯外,豪杰同归一梦中。更上
层楼见城郭,乱鸦古木夕阳红。

从汪元量的诗中,可以看到对彭祖宅与项王宫两处景点的提及,
以上为诗文中的景物,最后是地理书中所保留的徐州景物(点),
从地理书的记载可以看到宋代时期的景物。首先是《太平寰宇
记》中徐州分为彭城县、沛县、滕县、萧县、丰县。首先看到彭城
县,整理成表 4-2-1,如下:

表 4-2-1 《太平寰宇记》卷 15 彭城县的景物①

A	百里嵩祠:后汉百里嵩字景公,为徐州刺史,境内旱,嵩行部,甘雨随车,惟东海两县僻在山间,嵩不到,无雨,父老请嵩入界,即雨。至今有祠存焉。
B	九里山:《玄中记》云:"彭城北有九里山,有穴潜通琅邪,又通王屋,俗呼为黄池穴。"《郡国志》云:"曾参井。"
C	泗水,在县东十步。周显王四十三年,九鼎沦没于泗水。秦始皇时,鼎气浮于泗,始皇自以德合三代,大喜,使数千人没水求之,不获,谓之鼎伏。
D	吕梁,在县东南五十七里。《左传》:"楚子辛侵宋吕、留。"杜注:"彭城,吕县也。"汉为吕县,宋武北征,改为寿张。又《十道志》云:"泗水、吕县积石为梁。"《庄子》云:"吕梁悬水三十仞,鱼鳖所不能过。"今则不然。又《陈书》曰:"将军吴明彻,以舟师伐破下邳,进屯吕梁,堰泗水灌徐州。周桓轨、达奚长儒率兵来援,轨取车轮数百连锁贯之,横断水路。然后募壮士,夜决堰,至明,陈兵始觉,溃乱争归,至连锁之处,生擒明彻。"

① 《太平寰宇记》卷 15,第 297—300 页。

E	定国山,在县东四里。东魏武定五年,慕容绍宗欲击梁贞阳侯萧明,营于此。
F	州理城:唐贞观五年,筑其外城,即古大彭国。汉高帝定天下,以为楚国,封弟交为王。东晋封刘裕为宋公。至宋武帝,以皇子义康为彭城王,并都此。后宋平北将军徐州刺史薛安都乃以城归魏也。
G	竹邑:《续汉书郡国志》云:"沛郡有竹邑县。"
H	廉里:《汉书》:"龚胜居彭城之廉里。"
I	戏马台:在县南三里。项羽筑戏马台于此。宋武北征至彭城,遣长史王虞等立第舍于项羽戏马台,作阁桥渡池。重九日,公引宾佐登此台,会将佐百僚,赋诗以观志,作者百余人,独谢灵运诗最工,曰:"季秋边朔苦,旅雁绕霜雪;凄凄阳卉腓,皎皎寒潭洁;良辰感圣心,云旗兴暮节;鸣笳戾朱宫,兰卮献诗哲;钱宴光有孚,和乐隆所缺云云。"宋于台上置寺。
J	赭土山,在县北三十五里。《尚书禹贡》:"徐州厥贡,惟土五色。"《汉书?郊祀志》云:"王莽使徐州岁贡五色土。"即此山也。
K	彭城山,在县东北六十里,上有黄石公庙。《汉书》:"张良得圯上老父书曰:'后十三年,济北谷城山黄石即我也。'"
L	茱萸山,在县东北八十五里,俗传采药山。《魏?地形志》曰:"吕县有茱萸山,出茱萸、麦门冬。"《本草》云:"茱萸出东海承县。"此山昔隶承县。
M	垞城,在县北三十里,北面临泗水。《舆地志》云:"垞城,古崇国,兖州人谓实中城曰垞。直加切。"城西南有崇侯虎庙。
N	吕梁城,在县东五十里。按《左氏传》云:"楚子辛侵宋吕、留。"杜预注云:"吕、留二县,今属彭城郡。"城临泗水,高百四十尺,周十七里,此城东二里有三城,一在水南,一在水潭中,一在水北,并高齐所筑,立镇以防陈寇。
O	寒山堰,在县东南一十八里,梁萧明伐魏,堰清水以灌彭城。

P	吕布城,在县东南五十里,按《魏地形志》:"吕布自下邳与曹操相持,筑城于此。"
Q	雍门城,在县东南五十里,按《桓谭新论》云:"雍门周弹琴见孟尝君。"
R	石佛井,在县南四里石佛山顶,方一丈二尺,深三里,自然液水,虽雨旱无增减,或云饮之愈疾,时有云气出其中,去地七百余尺。
S	王仲德墓,在县北四十一里。苻坚乱,兄弟同起兵关中,为慕容垂所攻,水暴至,不知所向,忽有白狼来,向仲德号,因从之渡,获免;又为丁零翟辽所败,单马南归,夜行丘泽,常有炬火引路;后为宋高祖佐命,位至徐州刺史,因立白狼祠于彭城祀之。
T	桓魋墓,在县北二十七里,《水经》云:"泗水南经宋大夫桓魋冢,西枕泗水,凿石为冢。"郭缘生《述征记》:"椁隐镂金为龟龙麟凤之像,石门、扇石、墓堂犹存。"
U	龚胜墓,在县东南三里。按前《汉书》:"龚胜,楚人,居彭城,王莽篡位,遣玺书安车奉迎,胜称疾不起,闭目十四日而死。"《魏地形志》云:"彭城有龚胜墓,石碣犹存,至今禁刍牧。"
V	樊哙墓,在县北五十九里。按《汉书》:"樊哙,沛人,封舞阳侯。"
W	汉高祖庙,在县东南六里,临泗水。彭祖庙,魏神龟二年,刺史王延明移于子城东北楼下,俗呼楼为彭祖楼。

从表 4 - 2 - 1 可以看到 B、C、D、E、J、K、L 为山水,这些自然景物现今仍能有所保留。C 泗水与 D 吕梁相关,从 D 的史料来看南朝陈的吴明彻北伐,决泗水灌徐州城,而后北周军在吕梁击败陈军俘虏吴明彻,这两地有所关联。E 定国山为东魏慕容绍宗欲击梁贞阳侯萧明所屯兵的地方,D、E、O、S 都与魏晋南北朝的战事有关。F、M、N、P、Q 则为城池,F 为徐州的州理城,为刘宋时期徐州所在,后薛安都以此降北魏。M 垞城为古崇国所在,其西南有崇侯虎庙。N 吕梁城为北齐防御南朝陈所筑。吕布城为吕布

自下邳来抵御曹操所筑,Q 雍门城则为雍门周见孟尝君的轶事。与名人相关的有 H、U,都与龚胜有关,S、T、V 则分别与王种德、桓魋、樊哙有关。其中 I 戏马台与 T 桓魋前文都有所论述。W 汉高祖庙则与刘邦有关,整个徐州都有与他所关的景点。

接下来为与刘邦关系密切的沛县,可见表 4-2-2,如下:

表 4-2-2 《太平寰宇记》卷 15 沛县的景物①

A	泡水,在县西一百五十步,即丰水也。
B	县理城,即秦沛县城。初,陈涉起兵。沛令欲以沛应之,乃令樊哙召高祖。沛令后悔,闭城拒守。高祖书帛,射城上曰:"诸侯并起,今屠沛。"父老乃杀沛令迎高祖,立为沛公。十二年,高祖破黥布,还过沛,谓沛父老曰:"游子悲故乡,吾虽都关中,万岁后,吾魂魄犹乐思沛,且朕自沛公以诛暴乱,其以沛为朕汤沐邑。"
C	微山:在县东南,上有微子冢。山下有故沛城存焉。枌榆社:《汉书》曰:"高祖祷丰沛之枌榆社,即高祖之乡社名也。"
D	沛宫:在县东南一里。《汉书》:"高祖置酒,宴乡中父老。"今在广戚城中。合乡故城,古互乡之地。按刘芳《徐州记》云:"古之互乡,盖孔子云难与言者。"
E	泗水亭,在县东南一里。高祖昔为亭长,今有庙焉。
F	留城,在县东南二里,昔张良遇高祖之处。后平天下,高祖欲封之。曰:"昔遇陛下于彭城东南留地,愿陛下封臣于此。"高祖许之,遂封留侯。今有张良庙存焉。
G	歌风台,在县城东南一百八十步。古老传云:"汉祖征英布,还过沛,于此台歌曰:'大风起兮,云飞扬。'因为名。"
H	张良墓,在县东南六十里,有庙。
I	仲虺庙:汤左相邑也。

---

① 《太平寰宇记》卷 15,第 300—301 页。

从表4-2-2沛县这里的景物跟刘邦与张良关系密切,其中B、C、D、E、G跟刘邦有关,F、H跟张良有关。刘邦为沛公以此起兵,在B县理城就提到,本为秦沛县城,父老乃杀沛县令迎刘邦,立为沛公。刘邦征伐英布后,回程经过沛县对沛县父老说:"游子悲故乡,吾虽都关中,万岁后,吾魂魄犹乐思沛,且朕自沛公以诛暴乱,其以沛为朕汤沐邑。"。刘邦以沛县作为其汤沐邑,以表重视,再看到D沛宫是刘邦的宫殿,在此宴请父老乡亲。E为泗水亭,即刘邦担任亭长之后以此起家,G为歌风台,为刘邦征伐英布时,在此高歌:'大风起兮,云飞扬。'而得名。F为留城是张良遇到刘邦的地方,而后封侯时,张良请以相遇之地为封,刘邦封为留侯,留城应为留侯封侯后,所盖的城池,如同本书前文提及的韩信城,也是韩信为淮阴侯时所盖。张良死后,在留城还有张良庙祭祀张良。H为张良墓,墓旁也有张良庙。I为仲虺庙,相传仲虺为汤左相邑。

再来是滕县,隋开皇六年(586),于此置滕县,属徐州,取古滕国为名①。滕县景物整理成表4-2-3,如下:

表4-2-3　《太平寰宇记》卷15滕县的景物②

A	桃山,即华莱山也。《郡国志》云:"一名义珠山,山上有井不可窥,窥者不盈年岁辄死,有鸟巢于井中,金喙黑色,见则大水。"
B	雪山,上有梵王太子庙。
C	抱犊山,《抱朴子》:"出芝草。"
D	奚公山,在县东南六十里。刘芳《徐州记》云:"奚仲造车处,上有轨辙见存。"《后魏书》:"薛县有奚仲庙。"

---

① 《太平寰宇记》卷15,第302页。

② 《太平寰宇记》卷15,第302—303页。

（续表）

E	滥城:在县东南五十九里。左氏谓:"邾黑肱以滥来奔"即此地。后汉建安中,鲁于此立昌虑郡。隋大业二年省,今名昌虑城是也。
F	古薛城,汉为县,古城在今县东南五十里。《史记》云:"靖郭君田婴,齐威王少子,宣王弟,愍王封婴于薛。"即其邑也。又《郡国志》云:"薛城高厚无比,多英杰子弟,盖有孟尝君之遗风也。"
G	公丘故城,在县东南十五里。夏侯婴初为滕令,故为滕公。按此时高祖未立郡县,故滕为秦县,至武帝改为公丘县,属沛郡。
H	孟尝君冢,在县南五十里。《水经注》云:"孟尝君墓,结石为椁,制作甚丽。"今薛城南犹有迹也。
I	奚仲墓,在县东南六十里古青丘村。

　　之后是萧县,为古之萧国[①],萧县景物整理成表 4-2-4,如下:

表 4-2-4　《太平寰宇记》卷 15 萧县的景物[②]

A	丁公山,在县东南三十里。楚汉相攻,高祖败,薛人丁固追之,即此也,号曰丁公山。
B	缓舆山,在县东三十五里,宋高祖缓舆里人,盖因山为里名也。
C	古汴河,在县南十步。
D	杼秋城,在县西七十五里。《汉书地理志》云:"杼秋属梁国。"阚骃《十三州记》:"杼秋,光武封刘般为杼秋侯,明帝以属沛。"
E	龙城,在县东三十里。后魏属彭城郡。郦道元注《水经》云:"获水东经萧县,历龙城。"是此。

---

① 《太平寰宇记》卷 15,第 303 页。
② 《太平寰宇记》卷 15,第 303—304 页。

F	扶阳城,在县西南六十五里。汉丞相韦贤之后,世封于此。
G	瞀井,在县北二百步古萧城内。《左传》云:"楚庄王伐萧,萧溃还无社,与司马卯言隐于瞀井中。"即此。
H	红亭:《左传昭公八年》"秋,搜于红"是也。注:"萧县西有红亭。"

表4-2-4中ABC为山,DEF为城池,其中A丁公山因楚汉相争时,楚将丁固追击刘邦而得名,在表4-2-5的E丁公坟中,可见整个过程,这边先提及:

　　（丁固）季布母弟,为项羽将,窘高祖于彭城,高祖急顾丁公曰:'两贤岂相厄哉?'公遂缓追,及高祖得天下,公谒见,高祖徇众曰:'丁公为项羽臣不忠,使项羽失天下。"遂斩之以励人臣,葬于此①。

丁固此人为项羽部将,奉命追杀刘邦时,居然放走刘邦,之后汉建国后,丁固又跑去谒见刘邦,被刘邦所斩杀,葬于丁公坟。B缓舆山因刘裕为缓舆里人,而山为里名。C古汴河,为汴水流经萧县南10里地。D杼秋城因东汉刘秀封刘般为杼秋侯而得名。E龙城为获水流经,F扶阳城则为汉丞相韦贤之后,世封于此,G瞀井与H红亭,则各自有得名之因。

　　最后为丰县,刘邦为沛丰邑中阳里人,后得天下,沛为郡,丰为县②,其景物整理成表4-2-5,如下:

---

① 《太平寰宇记》卷15,第304—305页。
② 《太平寰宇记》卷15,第304页。

表4-2-5　《太平寰宇记》卷15丰县的景物①

A	丰西泽：即高祖斩白蛇之所。
B	厌气台，在县城中。《汉书》："秦皇以东南有天子气，故东游以厌之，因筑此台。"
C	大泽，在县北六里，《前汉书》："高祖母常息大泽，梦与神遇，是时雷电晦冥，太公往视，则见蛟龙于上，已而有脈，遂诞高祖，隆准龙颜。"
D	古宅：在城内，即高祖故宅也。
E	丁公坟，在县东北六里，《前汉书》："季布母弟，为项羽将，窘高祖于彭城，高祖急顾丁公曰：'两贤岂相厄哉？'公遂缓追，及高祖得天下，公谒见，高祖徇众曰：'丁公为项羽臣不忠，使项羽失天下。'遂斩之以励人臣，葬于此。'

表4-2-5中主要跟刘邦有关，C为刘邦出生相关的大泽，D为刘邦故宅，A为刘邦斩杀白蛇之处，B则为压天子气所筑。E为丁固坟，前面有所论述。以上为丰县的景物。

二、海州

紧接着来到淮泗地区最后的海州，宋代张耒写了一系列与海州有关的诗，从《海州道中二首》开始：

秋野苍苍秋日黄，黄蒿满田苍耳长。草虫唧唧鸣复咽，一秋雨多水满辙。渡头鸣春村径斜，悠悠小蝶飞豆花。逃屋无人草满家，累累秋蔓悬寒瓜。

孤舟夜行秋水广，秋风满帆不摇桨。荒田寂寂无人声，

---

① 《太平寰宇记》卷15，第304—305页。

水边跳鱼翻水响。河边守罾茅作屋,罾头月明人夜宿。船中客觉天未明,谁家鞭牛登陇声。①

张耒在前首诗,写到田边尽是黄蒿,也有西瓜出现在房屋附近。在后首诗,写到夜行船时,因秋风所以无需摇桨。罾是渔网,因此在河边有居民守着渔网,以茅草做房子,一整个水边风情的景象。

张耒在《秋日登海州乘槎亭》:

> 海上西风八月凉,乘槎亭外水茫茫。人家日暖樵渔乐,山路秋晴松柏香。隔水飞来鸿阵阔,趁潮归去橹声忙。蓬莱方丈知何处,烟浪参差在夕阳。②

这首诗写到海州乘槎亭,苏轼也有一首《次韵陈海州乘槎亭》写到该亭,该诗如下:

> 人事无涯生有涯,逝将归钓汉江槎。乘桴我欲从安石,遁世谁能识子嗟。日上红波浮碧巘,潮来白浪卷青沙。清谈美景双奇绝,不觉归鞍带月华③。

两首诗都写到水上风光,分别为"乘槎亭外水茫茫"与"日上红波浮碧巘,潮来白浪卷青沙"。张耒描写了登海州乘槎亭的景象。

张耒还登上海州城楼,写下了《登海州城楼》:

---

① 《张耒集》卷 13,第 226—227 页。
② 《张耒集》卷 21,第 381 页。
③ 《苏东坡全集》册 1,第 235 页。

　　城外沧溟日夜流,城南山直对城楼,溪田雨足禾先熟,海
　　树风高叶易秋。疏傅里间询故老,秦皇车甲想东游。客心不
　　待伤千里,槛外风烟尽是愁①。

张耒的诗让我们看到了海州城楼的景象,然海州城楼早已不在,仅能凭借诗来想象这消逝的城楼。城外沧溟(大海)日夜流,海州城楼靠海,且城南有山,海州为东海县②,海州城楼南面的山为苍梧山,也就是今日的花果山③。"秦皇车甲想东游"写到了秦始皇立石海上,为秦东门阙的典故④。张耒《题海州怀仁令藏春亭》一诗,让我们得知有藏春亭一地。

张耒《将至海州明山有作》:

　　望望孤城沧海边,好云深处是人烟。鸟飞山静晴秋日,
　　水阔人闲熟稻天。
　　旗影远摇沽酒市,棹歌归去隔村船。功名富贵非吾事,
　　誓劚明山数亩田⑤。

张耒这首诗写到望着孤城(海州城)在海边,也写到了熟稻田,证明海州产稻米,在酒市中沽酒,印证了稻米产量还算不错,所以可以酿酒,也可能是外来的酒,这代表海州交通兴盛。海州人以船往来于村落,最终张耒写道要在明山下以劚(锄头)耕种数亩的

_____

① 《张耒集》卷21,第386页。
② 《元和郡县图志》卷11,第301页。
③ 许峻维:《魏晋隋唐时期海州文化的发展》,《淮阴师范学院学报》,2019年第6期,第615页。
④ 《太平寰宇记》卷22,第458页。
⑤ 《张耒集》卷21,第381页。

田地。

苏轼《和蔡景繁海州石室》：

> 花间石室可容车,流苏宝盖窥灵宇。何年霹雳起神物,
> 玉棺飞出王乔墓。当时醉卧动千日,至今石缝余糟醑。仙人
> 一去五十年,花老室空谁作主。手植数松今偃盖,苍髯白甲
> 低琼户。我来取酒酹先生,后车仍载胡琴女。一声冰铁散岩
> 谷,海为澜翻松为舞。尔来心赏复何人,持节中郎醉无伍。
> 独临断岸呼日出,红波碧巘相吞吐。径寻我语觅余声,拄杖
> 彭铿叩铜鼓。长篇小字远相寄,一唱三叹神凄楚。江风海雨
> 入牙颊,似听石室胡琴语。我今老病不出门,海山岩洞知何
> 许。门外桃花自开落,床头酒瓮生尘土。前年开合放柳枝,
> 今年洗心归佛祖。梦中旧事时一笑,坐觉俯仰成今古。愿君
> 不用刻此诗,东海桑田真旦暮①。

这首诗写到了芙蓉仙人(石曼卿),借由他游玩过的故地写下
此诗。"玉棺飞出王乔墓",王乔在楚州钵池山得到,今日淮安的
钵池山公园,还有这个造景,然钵池山已经不在,王乔也不在了,
空留此景成追忆。"独临断岸呼日出,红波碧巘相吞吐"写道了临
崖边的风景,最终"东海桑田真旦暮"苏轼感叹景物沧海桑田,然
海州变成今日的连云港市,也是沧海桑田,郁州岛变成了陆地的
一部分。

苏轼《次韵陈海州书怀》：

---

① 原题:和蔡景繁海州石室芙蓉仙人(石曼卿也)旧游处,苍藤翠壁初无路。戏将桃核
裹黄泥,石间散掷如风雨。坐令空山出锦绣,倚天照海花。

郁郁苍梧海上山,(东海郁州山,云自苍梧浮来。)蓬莱方丈有无间。旧闻草木皆仙药,欲弃妻孥守市阛。雅志未成空自叹,故人相对若为颜。酒醒却忆儿童事,长恨双凫去莫攀[1]。

苏轼这首诗,写到了郁州苍梧山从海上来的典故,因为苍梧山为道教圣地,因此在岛上修道的人很多,故苏轼写到蓬莱方丈,在前首诗写到了王乔。

另外补充一个海州猎人的故事:

海州人以射猎为事,曾于东海山中射鹿。忽见一蛇,黑色,大如连山,长近十丈,两目成日。自海而上,人见蛇惊惧,知不免死。因伏念佛。蛇至人所,以口衔人及其弓矢,渡海而去。遥至一山,置人于高岩之上。俄而复有一蛇自南来,至山所,状类先蛇而大倍之。两蛇相与斗于山下,初以身相蜿蟺,久之,口相噬。射士知其求己助。乃傅药矢,欲射之。大蛇先患一目,人乃复射其目,数矢累中。久之,大蛇遂死,倒地上。小蛇首尾俱碎,乃衔大真珠瑟瑟等数斗(斗),送人归至本所也。〈(出《广异记》)〉[2]

从这故事可以看到,海州当地的猎人,在东海山打猎。因为海州靠海,所以有两蛇相斗的故事,因猎人之助,所以蛇衔珍珠与瑟瑟(碧绿的宝石)以赠之。

唐代钱起《沭阳古渡作》:"日落问津处,云霞残碧空。牧牛避

---

[1]《苏东坡全集》册1,第235页。
[2]《太平寰宇记》卷457,第3743页。

田烧,退鹬随潮风。回首故乡远,临流此路穷。翩翩青冥去,羡彼高飞鸿。"让我们看到了沭阳古渡的风光,沭阳作为淮泗地区的一地,有沭水流经,所以有个渡口也是很正常的,钱起的诗,保留了渡口的纪录。

最后是《太平寰宇记》中所保留的海州景物(点),从地理书的记载可以看到宋代时期的景物。《太平寰宇记》,分为朐山县、东海县、怀仁县、沭阳县。首先看到朐山县,其景物整理成表4-2-6,如下:

表4-2-6　《太平寰宇记》卷22朐山县的景物①

A	硕濩湖,在县南一百四十二里。《神异传》曰:"秦始皇时,童谣云:'城门有血,城将陷没。'有一老母闻之,忧惧。每旦往窥城门,门传兵缚之。母言其故,门传兵乃杀犬以血涂门上,母往见血,便走。须臾,大水至,郡县皆陷。老母牵狗北走六十里至伊莱山,得免。"西南隅今仍有石屋,名为神母庙。庙前石上狗迹犹存。高齐天统中,此湖遂竭。西南隅有小城余址犹存,绕城古井有数十处,又有铜铁瓦器如廛肆之所,乃知县没非虚。
B	龙沮故城:在县南六十里。
C	钟离昧故城:在县南百里,项羽将钟离昧所筑,昧即此县人也。
D	植石庙:在县北四里。《史记》曰:"始皇三十五年,立石东海上朐界中,以为秦东门。"今门石犹存,顷倒为数段,在庙北百许步。今尚可识其文,曰:"汉桓帝永寿元年,东海相任恭修理此庙。"
E	卢石山:在县东南六十里。按《汉书》云:"韩信为楚王,都下邳。"又曰:"韩信镇于三卢。"石、伊、句等三山石色黑,因以为名。

----

① 《太平寰宇记》卷22,第458—462页。

（续表）

F	伊卢山,一名"大伊莱山。"在县南七十五里。按《史记》云:"项王亡将钟离眜家在伊卢。"徐广曰:"东海朐县。"又按《续郡国志》:"东海朐县有伊卢乡。"又云:"中卢卢石在东,句卢在西。"故云"中卢又名伊莱"者,卢、莱二字相近,流俗音讹尔,实伊卢也。
G	句卢山:一名马鞍山,山在县西南一百二里,县在山东。《史记》所传,县有三卢之山,形勾曲状似马鞍。
H	孔望山,在县西南一百六十里。春秋□□□云:"此山与郯城相近。"当是孔子之郯问礼之时因登此山,遂以名之。"其山上有嵌石,其下方平,可坐十余人。山前石上有二盆,故老相传云"秦始皇洗头盆"。盆边发隐隐,并山上马迹犹存。
I	蛎山,在县东南二百里。其山在海中,四面平坦,潮上半没,潮落方见。故其上多蛎,即螺蚌之类也。
J	朐山,在县南二里。按《旧经》云:"秦始皇东巡至朐山界。"此时已有朐山之名。
K	南堕星山,在县南六十里。古老相传云:"商时,星坠于此。"又有北坠星山,在县东五十里,并高一里。
L	羽山,在县西北九十里。《汉志》:"东海郡祝其县,羽山在县南,鲧所殛处也。"
M	羽潭,在县西九十里,去羽山一百步。一名"羽池"。《左传》云:"鲧化为黄熊,入于羽渊,渊东有羽山。池上多生细柳,野兽不敢践。"又《郡国志》云:"钟离眜城南有羽泉,亦殛鲧之处。其水恒清,牛羊不饮。"
N	沭水,在县西一百四十里。按《水经注》云:"沭水出琅邪东莞县西北大弁山,流经沂州沂水县西南,入泗州下邳县。"
O	永安堤,在县东二十里。唐开元十四年七月三日,海潮暴涨,百姓漂溺。刺史杜令昭课筑此堤。北接山,南环郭,连绵六七里。
P	韩信堰,在县西十里,相传云:韩信为楚王时,以地洿下,遂立此堰。今为大路。

Q	废沂州城,在县西北百四十步。按《舆地志》云:"宋泰始三年,失旧沂州,至五年,于朐山东北侨置沂州,至泰豫元年,移朐县就沂州。后周建德六年,改沂州为朐州。隋开皇四年省。"今城基存。
R	曲阳故城,汉县,故城在今郡西南一百一十里。后汉省,唐武德四年,复置,八年,又省。
S	平曲故城,汉县,莽曰"端平",即《汉书》以此封公孙浑邪之所,又宣帝封广陵厉王子曾为侯,后汉省。在今郡界。
T	故朐城,汉为县,令废城在县西南。
U	古卢王城,在县西九里。按《舆地志》云:"汉旧朐县,今海州是也。宋泰豫元年,移朐山县于废沂州。"又《梁典》云:"天监十年三月,盗杀朐山戍主刘晰,引虏徐州刺史卢昶,遣振远将军马仙琕讨之。卢昶自徐州以兵来援朐山,屯兵据此城,权假王号,自称卢王,因名卢王城。"
V	古摩坡城,在县南。按《梁典》云:"天监十年,遣振远将军马仙琕来讨朐山,至十二月克之。卢昶挺身走,仙琕遣张惠绍追之。斩首十万,造此城。"
W	牛栏村,《郡国志》云:"麋竺放牧之所。"今民祭犹呼麋堆。
X	东安故城,在郡西八十三里,汉县,后汉省。
Y	麋竺冢,《郡国志》云:"刻石为人、马、禽兽之状,名之为鬼市。"

　　表4-2-6中A 硕濩湖这在4-3会提及,龙沮故城与钟离昧故城分别因为项羽部将龙沮与钟离昧所得名。F 伊卢山则因钟离昧藏于此。G 句卢山,一名马鞍山,H 孔望山,则因孔子登此山得名。I 蛎山因其山在海中,四面平坦,涨潮半没,潮落方见。故其上多蛎(螺蚌之类)。J 朐山,因秦始皇东巡至朐山。K 南堕星山因商代有流星坠落,其北又有北坠星山。L 羽山,因鲧被杀之处,M 羽潭亦因鲧而得名。N 沐水,出自琅邪东莞县西北大弁山,

流经沂州沂水县西南,入泗州下邳县,而后流经朐山县西 140 里。OP 为堤跟堰,为水利设施,O 为永安堤,因唐开元十四年(726)七月三日,海潮暴涨,杜昭课筑此堤。北接山,南环郭,连绵六七里。韩信堰为韩信任楚王时所筑,因为此地洿下,宋时成为大路。Q 废沂州城,宋代时城基仍存。R 曲阳故城,为汉县,S 平曲故城、T 故朐城与 X 东安故城亦同,平曲故城为封公孙浑邪之所,而后宣帝封广陵厉王子曾为侯。U 古卢王城与 V 古摩坡城本书前文已有所探讨。W 牛栏村与 Y 糜竺冢都与三国糜竺有关。

　　海州东海县,因海州之前为郁洲,北魏改为海州①。东海县的景物整理成表 4－2－7,如下:

表 4－2－7　《太平寰宇记》卷 22 东海县的景物②

A	谢禄山,在县城西一里。按《汉书》云:"王莽时,东海徐宣、谢禄等击王莽将田况,大破之。曾屯兵于山,因名。"
B	苍梧山,在县东北二里。古老相传此山在海中,后飞至此。
C	栖云山,在县东北四十一里,即巨平山之东岭。按《州县记》:"梁国子祭酒明山宾父僧绍,当齐武帝时以国子博士征,不就,遁迹于此。此山高眇,故号栖云山。"
D	朱紫山,在县北五十二里,山有红壁丹崖,自相辉映,远而望之若朱紫,因名。
E	嘤游山,在县东北一百三里海中,去岸二十里,高二里。其山周回浮海中,群鸟翔集,嘤嘤然,自相喧哃。
F	西捍海堰,在县北三里,南接谢禄山,北至石城山,南北长六十三里,高五尺。隋开皇九年,县令张孝征造。

①《太平寰宇记》卷 22,第 462 页。
②《太平寰宇记》卷 22,第 462—466 页。

G	东捍海堰,在县东北三里,西南接苍梧山,东北至巨平山,长三十九里。隋开皇十五年,县令元暧造。外足以捍海潮,内足以贮山水,大获浇溉。
H	废艾不城,在县北二十四里,今古相传,田横避难,汉使艾不追横而筑。后晋移赣榆县于此。北齐天保元年,省。
I	赣榆故城,在县东北五十里,青山之阴。故城犹存。《郡国县道记》云:"赣榆城在怀仁县东北三十一里,一名盐仓城。"后汉改属东海国,曹魏时省。晋太康中复立,寻又省。隋大业末,臧君相窃据海州,以先有赣榆县,遂筑此城,因取旧名,更置赣榆县。唐武德八年,省。
J	吕母固,在县北三十七里巨平山南领上,高二里。按《后汉书》云:"琅邪海曲有吕母者,子为县吏,犯小罪,宰论杀之。母密聚客得数十百人,入海中,招纳亡命,众至数千,执县宰斩之,复还海中。保此为固,遂号吕母固。"
K	田横固,在县东北六十一里小禺山,孤峰特秀。三面壁立,俯临深溪,惟有东隅才近人行,累石为城。《汉书》云:"齐王田广既死,田横代为王,与灌婴战于嬴下,横败。及汉定天下,横惧诛,与其徒属五百余人入海,居岛中。"此固即田横所营处也。
L	谢禄庙,在县西一里谢禄山南岭上。本名海祠,后人改之,因名谢禄庙。尧庙:在县西北三里谢禄山上。州旧记:"宋泰始七年,刺史刘崇智称刘氏本承尧后,遂造此庙,以时飨祠。"
M	由吾大夫庙,在县北四十里巨平山南。按州旧记,"有道士由吾道营,本沭阳人,精心好道,学穷秘箓,天意人事无不通。隋文帝时,特征之至都,拜谏议大夫。卒,因葬焉。"
N	孝妇庙,在县北三十三里巨平村北。按《前汉书》:"孝妇少寡无子,养姑甚谨。其后,姑自缢死,姑女诬告吏:'妇杀我母。'吏捕孝妇。孝妇辞不杀姑,吏验,治孝妇自诬,服其狱,上府。于公以为此妇养姑十余年,以孝闻,必不杀姑。太守不听,竟论杀孝妇。郡中枯旱三年,后太守至,于公曰:'孝妇不当死,前太守强断之咎,当在是乎?'于是太守杀牛自祭孝妇冢,天立大雨,岁熟。因立祠焉。"

（续表）

O	大海,在县东二十八里。南接朐山县界,北接怀仁县界,西趣州往来所渡,广二十余里。今按:由此渡者,每年七月内不得渡,犯者多逢风沈溺,惟溺所犯之人,余人皆得免。必公事迫急,先祭请者,亦不为灾。《庄子》曰:"夫海,千里之远不足以举其大,千仞之高不足以极其深。禹之时,十年九潦,而水弗加益。汤之时,八年七旱,而崖不加损。"《玄中记》:"天下之至强者,东海之沃焦焉!"沃焦,山名也。在海东面,方三万里,海水灌之而即消。故水东南流而不盈也。
P	县理城,在郁洲上。《山海经》云:"郁州在海中。"郁即郁。《水经注》云:"朐县东北海中有大洲,谓之郁州。"昔有道者,学徒十人,游于苍梧郁洲之上,数百年皆得道。其山自苍梧徙至东海之上。今犹有南方草木生焉。故崔琰《述初赋》云:"郁洲者,故苍梧山也。"故老传言:此岛上人,皆先是麋鹿之棲。今有牛栏一村,旧有麋家庄,牧者犹祭之,呼曰麋郎。临祭之日,着犁鞯,执鞭耕。"又言:"初取妇者,必先见麋郎,否则为祟。"宋泰始三年,于岛南陲筑城置青州,即今县理城是也。
Q	二疏墓,疏广、疏受,东海兰陵人也。
R	于定国墓,定国,东海郯人也。

表4-2-7中A谢禄山与L谢禄庙都与谢禄有关。B、C、D、E为山,其中C栖云山与梁国子祭酒明山宾父僧绍有关。关于谢禄山与栖云山4-3会进行探讨。F与G为捍海堰,都是为了防止海潮,而G更有储存水源灌溉的功能。H、I、P为城池,H为废艾不城,为田横避难,汉使艾不追田横而筑,田横则在K田横固之上,笔者最早对海州的了解,始于田横。I赣榆故城,位于青山之阴。故城犹存,宋代应该还能看到。J吕母固此事点出了吕母亡命海上,逃亡海岛之事。L谢禄庙、M由吾大夫庙、N孝妇庙在4-3会有所探讨。O大海,为海州东面的海,与P县理城有关,因为县理城在郁洲岛上,郁州岛则在海中。表4-2-7的P条提到

郁州是故苍梧山。郁州岛上本为三国时期糜竺的奴仆，而糜竺的糜
家庄则在表4-2-6的W条牛栏村，表4-2-7的P条有些部分本
书前文已经探讨过。QR为二疏墓，即疏广、疏受墓与于定国墓。

　　接下来是怀仁县，本汉赣榆县地，按汉赣榆县东北三十里赣
榆县旧城是也①。怀仁县景物整理成表4-2-8，如下：

表4-2-8　《太平寰宇记》卷22怀仁县的景物②

A	怀仁山，在县北四十里，其山无草木生。
B	夹山，在县西三十八里。《左传》谓："公会齐侯于夹谷。"注云："齐地名。"
C	剑水，在县西南八十五里，源从沂州临沂县界三山圭山，号弱马沟，东流入县界。
D	尧水，在县西南七十里，源从沂州临沂县，东经县八十里入海。
E	故祝其城，在县南四十二里平地。《太康志》云："在郯东九十里。"《春秋定公十年》："公会齐侯于祝其。"实夹谷地，汉以为祝其县，宋省。
F	怀仁故城，在县西二十三里。按《后魏地形志》云："武定七年置，属义塘郡，郡县俱移就高密郡莒县界内置，在古辟阳城，后废为义塘镇。
G	归义城，在县北二十五里。按后魏武定七年置县，属义塘郡，隋废。 武陵郡城，在县南五十九里。按《后魏志》云："武定七年置，为武陵郡，隋初废。"
H	纪鄣城，在县东北七十五里，平地近海，周一里余。按《春秋昭公十九年》："齐师伐莒。"《传》曰："莒子奔纪鄣。"即此地也。
I	故利城，汉县故城，在今县西六十里。后汉献帝曾于此立郡，宋省。海曲，按《郡国县道记》云："汉县，后割属琅邪郡。"《十三州志》云："海曲在开阳东一百三十里。"盖在县西界，与临沂接境，汉故利城侧近是也。

①《太平寰宇记》卷22，第466页。
②《太平寰宇记》卷22，第466—467页。

　　表4-2-8中A与B为山，A为怀仁山，与怀仁县同名，B为夹山，表4-2-8提到《左传》谓："公会齐侯于夹谷。"，这是齐景公与鲁定公的夹谷会盟，晏婴与孔子参加了这场会盟，《左传》认为此事就发生在怀仁县(赣榆县)的夹山之中。C与D为两条河水，E为故祝其城，提到此地为夹谷地，《春秋》则认为夹谷会盟发生在故祝其城。从表4-2-8的B条与E条来看，前者在怀仁县西38里，后者在怀仁县南42里的平地。F为怀仁故城，在怀仁县西23里，因此怀仁县是往东迁徙。G归义城与H纪鄣城分别在怀仁县的北方与东北方，H纪鄣城有发生因齐国伐莒国，结果莒国国君跑到H纪鄣城的事情。I故利城，为汉代旧城，在怀仁县西60里处，为汉献帝所设立州郡的所在，以上为怀仁县的景物。

　　海州最后为沭阳县的景物，本后汉厚丘县地，今县北四十五里厚丘故城[①]。沭阳县的景物整理成表4-2-9，如下：

表4-2-9　《太平寰宇记》卷22沭阳县的景物[②]

A	韩山，在县东北五十里。按州旧记："韩信为楚王讲武之所也。"
B	建陵山，在县西北一百五里。按《汉书地理志》："东海有建陵，景帝封卫绾为侯，王莽改曰付亭。"其县缘此名。按山南北狭长，有陵阜，缘此名建陵。
C	句卢山，在县东六十八里。
D	硕濩湖，在县东八十里，与朐山、涟水三县分湖为界。
E	沭水，在城东南七十里，引东流七十里入车路湖。《水经注》云："沭水又南，经东海厚丘县。"梁天监二年三月，土人张高等五百余人相率开凿此溪，引水溉田二百余顷，俗名为"红花水"，东流入泗州涟水县界。

<hr/>

① 《太平寰宇记》卷22，第467—468页。
② 《太平寰宇记》卷22，第467—468页。

（续表）

F	厚丘城,在县北六十里。按《地理志》:"厚丘,汉旧县,在郯城东一百里。"宋省,并入襄贲县。
G	阴平城,在县西北六十里。按《汉书?地理志》称阴平县属东海郡,成帝封楚孝王子回为阴平侯,又晋武帝封鲁芝,皆此城也。
H	下城,在县南三里。《后魏地形志》称梁武帝置僮阳郡,领下城等县,后郡县皆废,今城犹存。

表4-2-9中A韩山与韩信任楚王时讲武有关。B建陵山,山中有陵阜。C句卢山、D硕濩湖与D沭水,三地与表4-2-6朐山县同,两县同时有这些。F、G、H为城池,其中H下城至宋代时,城池犹存。

第三节　淮泗地区的宗教

一、楚州

在前一节,提到郭行余、白居易、刘禹锡同游淮阴地区的开元寺。从这边我们可以看到佛教的身影。开元寺约在今天淮安市的西长街的月湖一带,即图4-1-4,诗文中常提到的龙兴寺,在勺湖的南面,即图4-1-3,同在西长街月湖的北面,现今龙兴寺故地已经变成淮安的文通中学。龙兴寺,唐代綦毋潜曾写了一首《宿龙兴寺》如下:

　　　香刹夜忘归，松青古殿扉。灯明方丈室，珠系比丘衣。

白日传心静，青莲喻法微。天花落不尽，处处鸟衔飞①。

龙兴寺在很多地方有，从房琯的《龙兴寺碑序》所提到的："龙兴寺则孝和之天下，诸州各建同号，所以庆王业也。虽栋宇已立②"我们可以知道，在唐代官方曾在各州建立龙兴寺，故楚州的龙兴寺也建于此时，是官方修建的寺庙。房琯所写的《龙兴寺碑序》中提到"此州是阖庐故国"，又提到"标吴中之巨丽"③，房琯所提为苏州，苏州与扬州、楚州都属淮南道管辖范围，两地的龙兴寺应有所往来。

　　然方志中，保留了元代翰林学士欧阳原功所写的，于元至正15 年(1355)《龙兴寺碑记》④：从碑记中我们可以得知，龙兴寺最早可以追溯到西晋武帝泰始年间，就开基立刹。东晋元帝大兴年间，广贤和尚增筑段宇，更名为"法华禅院"，开始大收僧侣。到了唐太宗贞观年间，分设十个子院。唐代武则天万岁通天年间，法华禅院开始有了番僧，碎叶僧人僧伽就是在这时期入住的⑤。这边先提一下，僧伽又被尊称为泗洲佛。僧伽大师入住楚州法华禅寺，而后大师在楚州邻近的泗州传教，立了普照王寺，死后从长安回泗州立塔安葬⑥。唐中宗景龙年间，龙兴寺，奉敕建寺，名为"龙兴万寿禅寺"⑦。龙兴寺历经唐、宋、元，到明代重修时，陈文撰写

---

① 《全唐诗》卷135，第1371 页。
② 《全唐文》卷332，第3368 页。
③ 《全唐文》卷332，第3368 页。
④ (明)宋祖舜修，方尚祖纂：《天启淮安府志》，北京：方志出版社，2009 年，第824 页。文中提到大元至正乙未年，为至正15 年(1355)。
⑤ 《天启淮安府志》，第824 页。
⑥ 《太平广记》卷96，第638 页。
⑦ 《天启淮安府志》，第824 页。

《重修龙兴寺记》①。前文提到房琯的《龙兴寺碑序》，这代表唐中宗景龙年间，唐代朝廷的官方在各地都有官修龙兴寺的行动。

《舆地纪胜》卷 39 提到了楚州的景物下，里面就有些寺庙，这些是历经战火保留到宋代的寺庙。除了前面的龙兴寺，真如寺，距离唐宝应县治一百步，此地为唐肃宗时期，得宝之地，后人于此修筑真如寺；齐兴寺在宝应县西 40 里，有梁武帝读书堂；开元寺，是前文提到刘禹锡与白居易留诗之地②。龙兴寺现今已毁，原址仅剩下文通塔、淮安文通中学与勺湖。文通塔最早可溯及大兴年间，此外另有淮阴建业寺，与泗州香积寺③。

关于佛教，李邕的《楚州淮阴县婆罗树碑》一文相当重要，记载了婆罗树在楚州淮阴一事。到了宋代沈长卿的《楚州》一诗，再度提及：

> 楚州淮阴婆罗木，霜露荣悴今何如。能令草木死不枯，当时为有北海书。荒碑侵苔藓山湿，尚写墨本传东吴④。

淮阴的婆罗木先后在李邕跟沈长卿的诗文中提及，先从李邕的文章开始看⑤，李邕从"好德存树，爱人及乌"，开始了整篇文章，第二段讲道婆罗树的由来，婆罗树，为外来树种，生长十亩就足以映蔚千人。"昔与释迦荫首，今为群生立缘"，此树与佛教关系极为密切，第三段写道为什么此树在淮阴，因为淮阴"江海通津，淮楚巨

---

① 《天启淮安府志》，第 824—825 页。

② 王象之：《舆地纪胜》，道光 29 年秋八月刊板，刻板。

③ 《江苏地方文化史：淮安卷》，第 93 页。

④ 《全宋诗》卷 1904，第 21271 页。

⑤ 《全唐文》卷 263，第 2667 页。

防,弥越走蜀,会闽驿吴,七发枚乘之邱,三杰楚王之窟,胜引飞
辔,商旅接舻",淮阴为交通要衢,又地灵人杰,有司马景"虚受贤
交,干用柔克",张松质"邑宰清和",乡望司徒元简、戴元景、王元
珪、张仁艺、王怀俨、刘元隐、沈信详等,"凤悟大师,深入真际,勤
行进力,护供庄严."。宗教界,有扬州东大云寺希元法师,"是标
灵迹,乃建丰碑",所以写词曰:

> 政化之理兮甘棠犹存,宝乘之妙兮婆罗是敦。钦厥道成
> 兮八相克尊,感乎示迹兮一归可门。与佛合缘兮荣落同时,
> 炊尔化生兮感变谁思? 休征咎征兮伺察不欺,流俗莫识兮绵
> 旷惊疑。上人西还兮觏止增悲,发皇灵应兮坚固在兹。方国
> 传闻兮想象凄其,回首正信兮顶礼护持,优昙千年兮曷足
> 议之?①

李邕的文章提到了婆罗木,到了沈长卿的诗写到婆罗木"霜露荣
倅兮何如。能令草木死不枯,当时为有北海书"。宋代婆罗木碑
因为"苔藓山湿"而逐渐找不到这块碑文,只剩墨本在东吴一带传
播。现今李邕的婆罗木碑已经消逝在历史长河之中,仅剩下墨本
有所传抄,现收录于《全唐文》与地方志中。

　　除了佛教外,道教部分在李嘉祐为吉中孚所写的《晚春送吉
校书归楚州》②一诗中可以看到,全唐诗备注他曾经做过道士,这
首诗如下:

---

① 《全唐文》卷263,第2667页。
② 《全唐诗》卷205。

> 诗人饶楚思,淮上及春归。旧浦菱花发,闲门柳絮飞。
> 高名乡曲重,少事道流稀。定向渔家醉,残阳卧钓矶①。

诗中提到吉中孚少事道流,吉中孚两唐书无传,在《新唐书·艺文志》提到吉中孚有诗集一卷,其中备注:

> 楚州人,始为道士,后官校书郎,登宏辞,谏议大夫、翰林学士、户部侍郎,判度支。贞元初卒②。

我们可以知道吉中孚本身是楚州地方人士,初始担任道士,然后仕官,在唐德宗贞元初过世。李嘉祐《晚春送吉校书归楚州》,就是在吉中孚辞官回楚州前所写。就宗教上来看,吉中孚担任过道士,证明了楚州地区有道观的存在,一定程度上说明道教有在这边流传。

《天启淮安府志》收录了张益《玄妙观记》,里面提到玄妙观在淮安郡城西南三百里,文中引述嘉定《山阳志》,玄妙观在县治后一里,是唐代的白鹤观,这是出自唐代会昌的乙丑断碑,宋代大中祥符年间改为天庆观,经战火摧毁,于明代洪武年间重建为玄妙观③。因此我们可知,唐代有道观名曰白鹤。此外,《天启淮安府志》收录了杨谷《显节侯庙记》一文,提到该庙祀奉唐代侍御史王义方,该庙本来在涟水的震隅④。王义方庙属于地方神祇,为民间信仰。

淮安现今有东岳庙(图4-3-1),为道教信仰,内有玉皇殿

---

① 《全唐诗》卷205。
② 《新唐书》卷,《艺文志四》,第1610页。
③ 《天启淮安府志》卷20,第825页。
④ 《天启淮安府志》卷20,第828页。

(图4-3-2)。顾建国关注到,祀奉弃商投周的黄飞虎,每年农历五月初一为东岳会期,该会始于唐代盛于明清①。东岳庙历史悠久,相传为唐代贞观年间,程知节所建立②。笔者实际走访,东岳庙旁为以前的工厂,与庙比邻而居,两者之间并没有围墙。东岳庙旁为文渠,为贯通淮安旧城、新城、夹城的水道。

图4-3-1　淮安东岳庙(许峻维　　　　图4-3-2　淮安东岳庙-玉皇殿
　　　　　自摄)　　　　　　　　　　　　　　　　　(许峻维自摄)

　　楚州还有紫极观,祀奉道教神祇,然该观以壁画而闻名。李伯时曾在紫极观的壁上画猴戏马惊,而时称奇笔。北宋苏轼曾在其后题字,陈后山亦有诗提及此事,然到了南宋祝穆撰写《方舆胜览》时,已经不存在了③。笔者以为紫极观的存在时间为北宋前后,因靖康之祸而毁损,故到南宋祝穆所在之时,书为"古迹"。

　　民间信仰还有卢恕《楚州新修吴太宰伍相神庙记》:

　　　　楚州淮埭涘太宰伍相庙,置在吴时。临邗沟当伐越时,
　　为馈运所开,太宰经画。及因谗而没,其神凭大波,雄愤无所

①《江苏地方文化史:淮安卷》,第393页。
②《江苏地方文化史:淮安卷》,第405页。
③《方舆胜览》卷46,第822页。

泄,蓄为猛飙骇众。吴人恐之,故相与立祠邗沟上。历代皆
崇其祠,椎牛酾酒,小民有至破产者。比齐清河王励剌此州,
申教部民,不宜荒渎非神之意,其风稍革。国朝龙朔中,为狂
人郭行真所焚。干封初准敕重建①。

伍子胥庙立在邗沟边上,因为邗沟为伍子胥所规划的,然而他却
遭谗而死,吴人为了安抚伍子胥而立庙。历代对于祭祀伍子胥非
常兴盛,设摆牛酒,导致有百姓因而破产,故王励担任刺史时期,
改革其风。伍子胥庙焚后重建,这是楚州地区的地方神祇。

      本书前面提到的南宋赵立因守土身亡,被立为显忠庙,同样
因为忠义被祭祀的还有,祭祀魏胜的褒忠庙,祭祀韩世忠的旌武
庙②,以及前文提到的梁红玉祠。楚州有龙庙可见宋代崔敦礼写
下《楚州龙庙迎享送神辞》一诗:

      君之来兮殊廷,雷隆隆兮雨冥冥。从天天吴兮罔象,纷
      万怪兮如云。若有妖震奔沛,吹逆浪兮扬膻腥。授天矛兮下
      讨,披蒙雾兮祥氛③。

就诗的内容来看,龙庙应是对祈雨、诸妖方面有所擅长,属于地方
民间信仰。

      顾建国关注到,淮安有金龙四大王的崇拜,金龙四大王庙在郡
城西年,该神祇为宋处士谢绪,因有功于河被人立祠④。金龙四大

---

① 《全唐文》卷 791,第 8295 页。
② (明)李贤:《明一统志》卷 13。收录在《四库全书》。
③ 《全宋诗》卷 2106,第 23780—23791 页。
④ 《江苏地方文化史·淮安卷》,第 126—127 页。

王属于水神信仰，而天妃信仰也是水神信仰。根据同治《重修山阳县治》，天后宫为宋代嘉定年间安抚使贾涉所建立，庙在县城西南隅①。现今淮安的月湖附近，即为之前天妃宫的旧址，庙已不在。

在《太平广记》中的"楚州人"：

> 近楚泗之间，有人寄妻及奴婢数人于村落。客游数年，一日归至。村中长少，相率携酒访之，延入共饮，酒酣甚乐。村人唯吹笛为《乐神曲》。殆欲彻曙，忽前舞者为着神下语云："大王欲与主人相见，合与主人论亲情。"此子大惊，呵斥曰："神道无欺，我且无儿女，与汝何亲情？"神曰："我合聘得君妻，可速妆梳，少顷既来迎娶。"此子大怒，村人各散，以为舞者村人，醉言无识。少顷即天明，忽闻门外马嘶鸣。此子大怪，欲出自叱之。乃见一胡神，紫衣多髯。身长丈余，首出墙头。唤曰："娘子可发去也。"此子不知所以，其妻于室中仆倒而卒。〈（出《原化记》）〉②

这故事反映的是民间信仰的胡神娶妻的故事，胡神先是使人为乩身传达娶妻之意，而后现身娶走妻子。在台湾今日的寺庙仍有乩身代神传达讯息的习俗，然这些都属于地方民间信仰的范畴。

在《太平广记》中转载，楚州王炼师：

> 李太师吉甫，在淮南，州境广疫。李公不饮酒，不听乐。会有制使至，不得已而张筵，忧惨见色。燕合，谓诸客曰："弊

---

① 《江苏地方文化史·淮安卷》，第 127 页。该书引《重修山阳县治》，收录在《中国地方志集成-江苏府县志辑》，1991 年，第 60 册，第 51 页。

② （宋）李昉：《太平广记》，北京：中华书局，2006 年，卷 312，第 2466 页。

境疾厉,亡殁相踵,诸贤杰有何术可以见救?"下坐有一秀才起应曰:"某近离楚州,有王炼师,自云从太白山来,济拔江淮疾病,休粮服气,神骨甚清。得力者已众。"李公大喜,延于上座,复问之。便令作书,并手札。遣人马往迎。旬日至,馆于州宅,称弟子以祈之。王生曰:"相公但令于市内多聚龟壳大镬巨瓯,病者悉集,无虑不瘥。"李公遽遣备之。既得,王生往,令浓煎。重者恣饮之,轻者稍减,既汗皆愈。李公喜,既与之金帛,不受。不食,寡言。唯从事故山南节师相国王公起,王坐见,必坐笑以语,若旧相识。李公因令王公邀至宅宿,问其所欲,一言便行。深夜从容曰:"判官有仙骨,学道必白日上升。如何?"王公无言。良久曰:"此是尘俗态萦缚耳,若住人世,官职无不得者。"王公请以兄事之。又曰:"本师为在白鹿,与判官亦当家。能与某同往一候谒否?"意复持疑。曰:"仙公何名?"曰:"师不敢言?"索笔书鹤字。王生从此不知所诣。王公果富贵。〈出《逸史》〉①

王炼师是道教人士,与李吉甫、王起有所往来互动,王炼师是在楚州为秀才所遇,其本身是来自太白山,这可以作为道教人士前往楚州的一例。

《太平广记》另转载有楚州僧故事:

> 楚州界内小山,山上有室而无水。僧智一掘井,深三丈遇石。凿石穴及土,又深五十尺,得一玉。长尺二,阔四寸,赤如榴花。每面有六龟子,紫色可爱,中若可贮水状。僧偶

---

① 《太平广记》卷48,第297页。

　　击一角视之,遂沥血,半月日方止。(〈出《酉阳杂俎》)①

这是楚州僧人敲击一玉的故事,这可作为僧人在楚州活动的记录,关于僧人纪录还可以看到张耒的《题楚州圣井并赠主僧》:

　　　　古佛胜妙力,一泓常湛然。祷祈供众欲,守护赖师贤。清碧晨斋罢,秋登宝供前。自怜多病质,时许挹清泉②。

这首诗是张耒写给僧人的诗,作为张耒与僧人互动的记录。

二、泗州

　　讲到佛教,在淮泗地区最重要的是泗州佛-僧伽大师,《太平广记》转载了他的故事:

　　　　僧伽大师,西域人也,俗姓何氏。唐龙朔初来游北土,隶名于楚州龙兴寺。后与泗州临淮县信义坊乞地施标,将建伽蓝。于其标下,掘得古香积寺铭记,并金像一躯,上有普照王佛字,遂建寺焉。唐景龙二年,中宗皇帝遣使迎师,入内道场,尊为国师。寻出居荐福寺。常独处一室。而其顶有一穴,恒以絮塞之,夜则去絮。香从顶穴中出,烟气满房,非常芬馥。及晓,香还入顶穴中,又以絮塞之。师常濯足,人取其水饮之,病疾皆愈。一日,中宗于内殿语师曰:"京畿无雨,已

　　———————————

　　① 《太平广记》卷374,第2974页。
　　② 《张耒集》卷19,第339页。

是数月,愿师慈悲,解朕忧迫。"师乃将瓶水泛洒,俄顷阴云骤起,甘雨大降。中宗大喜,诏赐所修寺额,以临淮寺为名。师请以普照王字《明抄本、陈校本字作寺》为名,盖欲依金像上字也。中宗以照字是天后庙讳。乃改为普光王寺,仍御笔亲书其额以赐焉。至景龙四年三月二日,于长安荐福寺端坐而终。中宗即令于荐福寺起塔,漆身供养。俄而大风歘起,臭气遍满于长安。中宗问曰:"是何祥也?"近臣奏曰:"僧伽大师化缘在临淮,恐是欲归彼处,故现此变也。。中宗默然心许,其臭顿息。顷刻之间,奇香郁烈。即以其年五月,送至临淮,起塔供养,即今塔是也。后中宗问万回师曰:"僧伽大师何人耶?"万回曰:"是观音化身也。如法华经普门品云:'应以比丘、比丘尼等身得度者。即皆见之而为说法。'此即是也。"先是师初至长安,万回礼谒甚恭,师拍其首曰:"小子何故久留?可以行矣。"及师迁化后,不数月,万回亦卒。师平生化现事迹甚多,具在本传,此聊记其始终矣。〈出《本传》及《纪闻录》〉①

僧伽大师是西域人,姓何,来华时隶名于楚州龙兴寺,这龙兴寺就是前文提及的龙兴寺,是楚州相当重要的佛教寺庙。后僧伽大师在泗州建立了普照王寺,肇因于该地挖出古香积寺遗址与古佛。僧伽大师为唐高宗所迎,后居于长安荐福寺,并坐化于该寺,最终回到泗州建塔,长留泗州。普照王寺,梅尧臣有诗吟及该寺古桧木,而僧伽塔苏轼兄弟都有诗提及。

关于普照王寺,李邕写了《泗州临淮县普光王寺碑》,蔡相辉

---

① 《太平广记》卷96,第638页。

以该碑做了僧伽信仰的考证①。蔡相煇探讨了僧伽在临淮建寺庙的整个过程,僧伽从长安出发,前往楚州龙兴寺,在武后万岁通天(696)隶属于该寺庙②,然后僧伽前往苏州嘉禾的灵光寺,而后是常州国祥寺,最终在泗州临淮建寺③。在寺院种植大量婆罗树④,这就是前文提到的在楚州的婆罗树,为李邕所撰文铭记。僧伽在宋代定位为观音化身⑤,福建莆田华严寺所供奉后有供奉僧伽塔像,与华严宗有会所关联⑥。僧伽信仰从江淮经运河传到长江中下游,而后到武汉江西等地,最后北传到河北一带⑦。这个信仰文化重要的起始点就在泗州,也在泗州留下不少的诗文相关记录。

先看到苏轼兄弟的诗,他们两人以僧伽塔唱和,苏轼的《泗州僧伽塔》:

> 我昔南行舟击汴,逆风三日沙吹面。舟人共劝祷灵塔,香火未收旗脚转。回头顷刻失长桥,却到龟山未朝饭。至人无心何厚薄,我自怀私欣所便。耕田欲雨刈欲晴,去得顺风来者怨。若使人人祷辄遂,告物应须日千变。我今身世两悠悠,去无所逐来无恋。得行固愿留不恶,每到有求神亦倦。退之旧云三百尺,澄观所营今已换。不嫌俗士污丹梯,一看云山绕淮甸⑧。

---

① 蔡相煇:《妈祖信仰研究》,台北:威秀资讯科技,2006 年。
② 《妈祖信仰研究》,第 221 页。
③ 《妈祖信仰研究》,第 223—224 页。
④ 《妈祖信仰研究》,第 225 页。
⑤ 《妈祖信仰研究》,第 233 页。
⑥ 《妈祖信仰研究》,第 248 页。
⑦ 《妈祖信仰研究》,第 251 页。
⑧ 《苏东坡全集》册 1,第 333 页。

苏轼以舟行,经过龟山却还没吃饭,龟山有龟山寺在后面会提及。
苏轼经过僧伽塔写下此诗,而其弟苏辙有和诗一首《和子瞻泗州
僧伽塔》:

> 清淮浊汴争强雄,龟山下阕支祁宫。高秋水来无远近,
> 荡灭洲渚乘城墉。千艘衔尾谁复惜,万人雨泣哀将穷。城中
> 古塔高百尺,下有蜕骨黄金容。蛟龙百怪不敢近,回风倒浪
> 归无踪。越商胡贾岂知道,脱身献宝酬元功。至人已立万物
> 表,劫火仅置毛孔中。区区淮汴亦何有,一抔可注沧溟东。
> 胡为尚与水族较,时出变怪惊愚聋。于乎此意不可诘,仰观
> 飞栱凌晴空[①]。

"清淮浊汴争强雄",这里写到淮河清澈而汴水混浊,这一情况等
黄河夺淮后,淮河也变得混浊了。"城中古塔高百尺,下有蜕骨黄
金容"这里写到僧伽塔高百尺,塔下为僧伽大师的舍利。

诗文中的景点,如同陈熙远所提到的黄鹤楼,不仅是历史景
点的复原,更是一个文本传统的实体再现,延续着文人的集体记
忆[②]。诗文再现着记忆,接着看到梅尧臣应施景仁之邀,写下《施
景仁邀咏泗州普照王寺古桧》:

> 来寻淮上寺,老桧莫知年。劫火已熔像,樛枝宁改烟。
> 根拏怪石入,节驳苍苔坚。欲问浮波箭,空嗟此独传[③]。

---

① 《苏辙集》卷3,第60页。
② 陈熙远:《人去楼坍水自流–试论坐落在文化史上的黄鹤楼》,李孝悌:《中国的城市
　生活》,北京:北京大学出版社,2013年,第398页。
③ 《梅尧臣集编年校注》卷18,第453页。

普照王寺经过战火摧毁，而寺中的老桧木却依旧健壮，将根深入石头之中，这普照王寺的古桧历史悠久，然今日寺与桧木皆不存，仅留纸上空追忆。透过梅诗，我们可以在心中建构出照王寺古桧的形象。梅尧臣这首诗，记录了泗州普照王寺与古桧的痕迹。

　　泗州的盱眙有严佛调所兴建的铁山寺。严佛调为东汉末年人，铁山寺的创建者，经过历代扩建，到明代万历年间达到鼎盛，以铁山寺为中心，附近有汪姑寺等 14 间庙宇聚落，被称为苏北的小九华①。泗州的佛教，自僧伽大师后，开始大兴，到了宋代有诗人因为寺庙而写诗纪录，证明佛教在宋代泗州是有流传的。

　　盱眙的浮山上有灵岩寺，白居易、赵嘏、苏轼都写过诗纪念②。赵嘏的诗名告诉了我们，灵岩寺为昔日的古吴宫③。

　　除了佛教以外，民间信仰可见泗州，临淮县西边的黪山上的赵征君祠，赵征君隋代人，读书于此，因有德行被立祠，当时人遇到旱灾时，会前往该祠祈祷④。在临淮县的北面有徐偃王庙，是为了纪念徐国国君，因临淮县有故徐城，为古徐国所在，该城为徐偃王所造⑤。临淮县东面台子山上，有马钧祠，纪念曹魏时造指南车的马钧⑥。该山上另有秦末大乱时楚国义帝的祠堂⑦，义帝的首都盱眙，就在泗州。淮河南岸的斗山下有淮渎祠⑧，笔者以为应是祈

---

① 《江苏地方文化史：淮安卷》，第 398—399 页。
② 《方舆胜览》卷 47，第 842 页。
③ 《全唐诗》卷 549，第 6346 页。
④ 《太平寰宇记》卷 16，第 312 页。
⑤ 《太平寰宇记》卷 16，第 312 页。
⑥ 《太平寰宇记》卷 16，第 314 页。
⑦ 《太平寰宇记》卷 16，第 314 页。
⑧ 《太平寰宇记》卷 16，第 314 页。

求航运通行的祠庙。在临淮县南 120 里的白水陂,曹魏邓艾曾在此处设置屯田 49 所,故陂上有邓艾庙①。

在临淮县有地方神祇-淮涡神:

> 淮阳记:按古岳渎经云:禹治水,三至桐栢山,乃获淮涡水神,名曰无支祁。……遂颈锁大索,,鼻穿金铃徒淮泗,阴锁龟山之足,淮水乃安流注于海。后唐永泰初年,李汤任楚州刺史,时有渔人夜钓于龟山之下,其钩为物所制,不复出,渔者健水,疾没沈于底可五十丈,见大铁锁盘龟山足,寻不知极,渔人遂告汤。汤命渔人及能水者数十人获其锁,力不能制,加以大牛五十头,锁乃振动,稍稍就岸,时天无风,惊波翻浪,观者大骇。缘之锁末见一兽,状如青猿,白首长鬣,雪牙金爪,闯然出岸,高五丈许,蹲踞起伏若狝猴,但两目不能视,兀若昏醉,耳目口鼻皆悉水流如泉,涎沫腥秽,不可近,久乃引颈伸欠,双眸忽开,光彩若电,顾视人焉,欲发狂怒,观者奔走,兽亦徐徐引锁拽牛没于水去。时楚多名士,与汤相顾愕然,不知其由。兽竟不复见,迩来渔者时知锁所在②。

淮涡神在龟山之下,在大禹时,为大禹所擒获,以大锁锁于龟山之下,到后唐时期,为刺史李汤遣人拉出锁,因而得见淮涡神。笔者以为这应是楚州当地所流传的神祇故事,而《太平寰宇记》将之保留下来,淮涡神应属于水神信仰。

在看到徐州的部分,唐代储嗣宗《晚眺徐州延福寺》:

---

① 《太平寰宇记》卷 16,第 315—316 页。
② 《太平寰宇记》卷 16,第 314—315 页。

　　　杉风振旅尘，晚景借芳茵。片水明在野，万花深见人。
静依归鹤思，远惜旧山春。今日惜携手，寄怀吟白苹①。

储嗣宗的诗写到了徐州延福寺的情景，储嗣宗为唐大中13年
（859）孔纬榜上及第②。储嗣宗所看到的延福寺，应该为唐武
宗禁佛后，所重新修建的，这可见徐州的寺庙在禁佛后是有所
恢复的。唐大中元年（847）时，因宣宗即位对于禁佛一事予以
放宽：

　　　闰三月，敕："应会昌五年所废寺，有僧能营葺者，听自居
　　之，有司毋得禁止。"是时君、相务反会昌之政，故僧、尼之弊
　　皆复其旧③。

储嗣宗所游的延福寺应该是在这一波恢复寺庙的风潮中，所修建
或恢复的寺庙。

三、徐州

　　　徐州有百里嵩祠，因百里嵩为徐州刺史时，当遇到旱灾时，百里
嵩巡视至何地，该地就会降雨，尤其是东海两县，百里嵩不至，则无雨，
因此当地将百里嵩立祠④。彭城县的彭城山，山上有黄石公庙⑤。在

---

① 《全唐诗》卷594，第6883页。
② 傅璇琮：《唐才子传校笺》卷8，北京：中华书局，2002年，第407页。
③ 《通鉴》卷248，唐宣宗大中元年（847），第8029—8030页。
④ 《太平寰宇记》卷15，第297页。
⑤ 《太平寰宇记》卷15，第299页。

徐州彭城县南 4 里,有石佛山,山上有石佛井①,石佛井中有泉水可以治愈疾病。石佛山跟石佛井的命名与佛教有关,兴许是山上有石佛而得名。徐州除了寺庙以外,也有名人的坟墓在此,如王仲德墓:

> 　　王仲德墓,在县北四十一里。符坚乱,兄弟同起兵关中,为慕容垂所攻,水暴至,不知所向,忽有白狼来,向仲德号,因从之渡,获免。又为丁零翟辽所败,单马南归,夜行丘泽常,有炬火引路。后为宋高祖佐命,位至徐州刺史,因立白狼祠于彭城祀之②。

王懿,字仲德,是刘宋将领,曾随刘裕北伐,而后常镇徐州,担任徐州刺史,故其墓立于徐州不意外。在此史料后面,因白狼曾助王仲德,故在彭城,王仲德为其立祠,成为动物神,这属于民间宗教信仰的部分。

除了王仲德墓外,在县北 59 里有樊哙墓。徐州因刘邦在此地崛起,故在县东南 6 里邻近泗水处,有汉高祖庙。徐州又为古彭国的所在,故有彭祖庙,该庙在魏神龟二年,由刺史延明移于子城,东北楼下,故称为彭祖楼③。彭祖庙与彭祖信仰为当地神祉,是民间宗教信仰。

在彭城县的县北 30 里,邻近泗水之地有垞城,这是古崝国,城西南有崇侯虎庙④。崇侯虎庙亦属于民间宗教信仰。彭城县东

---

① 《太平寰宇记》卷 15,第 299 页。"石佛井,在县南四里石佛山顶,方一丈二尺,深三里。自然液水,虽雨旱,无增减,或云饮之愈疾,时有云气出其中,去地七百余丈。"
② 《太平寰宇记》卷 15,第 299 页。
③ 《太平寰宇记》卷 15,第 297、299 页。
④ 《太平寰宇记》卷 15,第 299 页。

南 2 里,为留城,此处为张良遇到刘邦之处,故刘邦封张良为留侯,留城内有张良庙[1],而彭城县东南 60 里的张良墓附近也有庙祭祀。另有仲虺庙是祭祀汤左相邑[2]。附近滕县的雪山上有梵王太子庙[3]。这些庙宇都属于徐州地区的地方民间信仰。

四、海州

接着探讨海州的部分,在朐山县县南 142 里的硕濩湖,有神母庙的故事:

> 《神异传》曰:"秦始皇时,童谣云:'城门有血,城将陷没。'有一老母闻之,忧惧。每旦往窥城门,门传兵缚之。母言其故,门传兵乃杀犬以血涂门上,母往见血,便走。须臾,大水至,郡县皆陷。老母牵狗北走六十里至伊莱山,得免。"西南隅今仍有石屋,名为神母庙。庙前石上狗迹犹存。高齐天统中,此湖遂竭。西南隅有小城余址犹存,绕城古井有数十处,又有铜铁瓦器如廛肆之所,乃知县没非虚[4]。

神母庙的由来,是因为一老妇因为城门有血,携狗而走,逃至伊莱山而幸免。故伊莱山西南隅的石庙即为神母庙,这庙属于地方的民间信仰。在朐山县县北 4 里的植石庙,亦同:

---

① 《太平寰宇记》卷 15,第 301 页。
② 《太平寰宇记》卷 15,第 301 页。
③ 《太平寰宇记》卷 15,第 302 页。
④ 《太平寰宇记》卷 22,第 459 页。

　　《史记》曰："始皇三十五年,立石东海上朐界中,以为秦东门。"今门石犹存,顷倒为数段,在庙北百许步。今尚可识其文,曰:"汉桓帝永寿元年,东海相任恭修理此庙。"①

植石庙是因为秦始皇立秦东门于朐山,这门石却流传下来,成为民间信仰的神祠。笔者身长在台湾,从小也常听过大树公、十八王公之类,这些地方神祠的寺庙,都只有在当地才有人信仰,这植石庙应与之相似,在古代应为淫祠。

　　东海县有谢禄庙,位于谢禄山上,在县西 1 里处,本为王莽时期,东海徐宣、谢禄等击破王莽方将领田况,并屯兵山上②。谢禄庙是为了纪念谢禄,然该庙本为海祠,而后才更名谢禄庙③。这海祠原本祭祀何神,不清楚,后来改祀谢禄。在谢禄山上另有尧庙,州旧记:"宋泰始七年,刺史刘崇智称刘氏本承尧后,遂造此庙,以时飨祠。④",在东海县北 40 里的巨平山有由吾大夫庙:

　　州旧记,"有道士由吾道营,本沭阳人,精心好道,学穷秘篆,天意人事无不通。隋文帝时,特征之至都,拜谏议大夫。卒,因葬焉。"⑤

由吾大夫庙是为了纪念沭阳人由吾道营而设立,由吾大夫本身也习道,应与海州当地道教盛行有关。

－－－－－－－－－－

① 《太平寰宇记》卷 22,第 459 页。
② 《太平寰宇记》卷 22,第 462—463 页。
③ 《太平寰宇记》卷 22,第 464 页。
④ 《太平寰宇记》卷 22,第 464 页。
⑤ 《太平寰宇记》卷 22,第 464 页。

除了男性神祇以外，也有以女性神祇为祀奉对象的孝妇庙，该庙在东海县北 33 里巨平村北：

> 《前汉书》："孝妇少寡无子，养姑甚谨。其后，姑自缢死，姑女诬告吏：'妇杀我母。'吏捕孝妇。孝妇辞不杀姑，吏验，治孝妇自诬，服其狱，上府。于公以为此妇养姑十余年，以孝闻，必不杀姑。太守不听，竟论杀孝妇。郡中枯旱三年，后太守至，于公曰：'孝妇不当死，前太守强断之咎，当在是乎？'于是太守杀牛自祭孝妇冢，天立大雨，岁熟。因立祠焉。"[①]

孝妇因为太守妄杀而惨死，因而导致东海当地干旱三年，而后为了孝妇平反后，才解除旱象，获得大雨。因为这件事情，地方就出现这间孝妇庙。

海州因为临海，所以有淫祠，因此萧梁时期的王神念就曾禁毁淫祠：

> 为青、冀二州刺史。（王）神念性刚正，所更州郡必禁止淫祠，时青州东北有石鹿山临海，先有神庙妖巫，欺惑百姓，远近祈祷，糜费极多。及神念至，便令毁撤，风俗遂改[②]。

王神念因为担任青、冀二州刺史，也就是海州的地方官员，这是梁武帝末年，因大江以北并附于魏，武定七年，改青、冀二州为海州[③]。既然王神念担任海州的官员，史料中提到原青州（海州）"东

---

① 《太平寰宇记》卷 22，第 464—465 页。
② （唐）李延寿：《南史》卷 63，北京：中华书局，2011 年，《王神念传》，第 1535 页。
③ 《太平寰宇记》卷 22，第 456 页。

北"的石鹿山,因临海而有淫祠,这边笔者以为应为海州东海县东北41里的巨平山之东岭(栖云山),巨屏山由县北40里至东北41里[①],因为原本青州已于宋明帝失淮北时,为北朝所控制,萧梁时期王神念所能控制的仅是海州附近的侨治青州,然海州却无石鹿山。海州有郁州岛,郁州岛东北方向的山,东海县东北2里为苍梧山,东北41里为巨平山,史料提到青州东北、临海这两个条件,故巨平山之东岭(栖云山)较苍梧山更为贴切。王神念禁断淫祠,这代表海州淫祠相当兴盛,这可参见前文提及的这些寺庙。

鲁西奇认为谢禄山为石鹿山,谢禄山初见,他引《隋书·地理志》,东海县下的注"谢禄山、郁林山"[②],引《太平寰宇记》中谢禄庙条,认为石鹿山"当即谢禄山[③]。由于史料并未明确说明石鹿山为现今何山,故鲁西奇认为在谢禄山,笔者以为在巨平山之东岭(栖云山),谢禄山在郁州岛县城西一里,巨平山在县城北40里至东北41里,且由吾大夫庙、孝妇庙都在巨平山周边[④],故应在巨平山之东岭(栖云山)。鲁西奇还关注到海州的信仰,汉代为东海庙与谢禄庙,魏晋为鬼道,隋唐则海龙王信仰[⑤]。这东海庙,立于东汉灵帝熹平元年(172)所立,至南宋庙碑皆毁,宋人洪适在作品中收录保留下来,鲁西奇认为东海庙祭祀为苍海之神[⑥]。鲁西奇的发现,提醒了海州还有东海庙、海龙王庙。

---

① 《太平寰宇记》卷22,第463—464页。
② 《隋书》卷31,《地理志》,第871页。
③ 鲁西奇:《汉唐滨海地域的社会与文化》,《历史研究》,2019年第3期,第9页。
④ 《太平寰宇记》卷22,第463—464页。
⑤ 鲁西奇:《汉唐滨海地域的社会与文化》,第20页。
⑥ 鲁西奇:《汉唐滨海地域的社会与文化》,第5、8页。

第五章

结　　论

　　在第二章淮泗地区的位置与军政部分,首先2-1探讨楚州与泗州,楚州在唐代有800年的安流期,故白居易称之为"壮丽东南第一州",除了运河之利,又比邻扬州,当时扬州为唐代第一的繁盛之地。大家对楚州(淮安)之前很贫困,是黄泛区的概念。始于唐肃宗干元2年(759)时,史思明挖掘黄河开始,到南宋杜充的决黄河后,整个区域恶化成黄泛区。期间虽明清时期淮安因漕运之利,繁荣发展,但水患问题一直困扰打击整个淮泗地区。由宋代至1958年,期间的发展饱受水患影响,屡建屡淹屡毁,反不如唐代黄河安流期楚州的繁荣。直到新中国1953年三河闸跟1958年的二河闸完工,才彻底解决黄泛区的水患问题。

　　淮泗地区的人多勇悍,项羽、刘邦、刘裕等都是此地的豪杰,而淮泗地区也常为战争发生所在。楚州又与唐代宗即位关系密切,唐代宗曾为楚王,楚州献宝事件后,唐代宗即位。此事件对其即位的造势与楚州因此升为上州,彼此是双赢。楚州与唐代宗的关系,也会影响唐廷对楚州的关注度。

　　楚州的邗沟开启了运河这一大利器,古末口作为邗沟的终点,整个楚州发展的起点,笔者也曾亲临古末口的所在,该地靠近

河下古镇,为春秋与明清的运河水运有了交集,今日河下古镇仍
为淮安的旅游重点。楚州在位置上,是魏晋至隋唐 300 年的重
镇,为南北必争之地,南方得之,则分裂成南北朝,北方得之,则可
以进一步统一全国。楚州现今叫淮安,不得不提到这次改名。楚
州因为南宋李全叛乱,被从楚州降格为淮安军,而后就改名淮安。
除了淮安市的楚州区,与当地人偶尔提及楚州外,较少再使用楚
州这个名字,多用淮安这个名字。楚州可是有被白居易称为"壮
丽东南第一州"美名。

淮泗地区,淮水、泗水为主要两条重要河川,穿过整个楚州、
泗州、徐州、海州。笔者实地走访了韩信城、甘罗城、韩母墓、漂母
墓,这些景点都值得推广。淮阴与韩信息息相关,韩信由楚王改
封淮阴侯,也就是从淮泗地区改成淮阴地区。徐州是南方抵御北
方的重镇,自从刘宋的薛安都以徐州降北魏后,淮阴就变成了南
方抵御北方的第一线,大体而言淮泗地区都是南防御北方的重点
区域。萧道成更是以淮阴起家,进而建立萧齐政权。南方的北伐
自祖逖屯兵淮阴,而后北上。

淮泗的泗州(盱眙)为楚汉相争时,楚义帝的首都,而后前往
徐州彭城。盱眙在北魏太武帝南征刘宋时,刘宋臧质以盱眙城抵
御太武帝成功,迫使其班师。楚州的山阳与清口,在五代时期为
杨行密所控制,杨行密得以抵御朱温,而后周攻占山阳以后,南唐
只能固守江边,南宋时期,这里更是抵御金人的第一条防线,由韩
世忠开始固守。楚州的城墙,被宋代的陈敏修筑,有银铸城之称,
可见其坚实,今日淮安已无城墙,但可以由此想象出楚州城墙之
稳固,这也是本书强调的故纸堆中的景点。楚州在南北对峙的交
战过程中,南宋赵立本身是徐州人,带徐州兵在楚州苦战,最后战
死。死后赵立被人立庙纪念。

　　楚州自从位于宋金交界,在《山阳艺文志》中就记载,由宋代至明代,淮安地区只剩下七个家族,而其中杨家的后人杨庆之记载了此事。此时淮安的衰败对比唐代的楚州,白居易称之为的"壮丽东南第一州",足见其差异。楚州地区本地有"平阳石鳖,田稻丰饶"。楚州本地除了韩信城,还有海州刺史李邕所写的婆罗树碑,海州也是淮地区的范围,故此事也是淮泗地区的文事。

　　泗州为淮水、泗水、沭水三水流经之地,强至的《送陈郎中泗州得替》一诗写明了淮泗地区,吏滑如油,因此需要循吏的陈郎中前往治理,以廉洁治理泗州。泗州很多城池因为战争而被记录保留下来。

　　接下来是 2-2 徐州与海州,徐州一度为淮泗地区的代名词,范围包含徐州、楚州、泗州、海州,而后逐渐被分拆。徐州彭城为古彭国所在,项羽定都于此,长寿的彭祖其坟墓也在此地。苏轼在知徐州时,关注到徐州为南北要冲,盛产粟米与小麦。本地居民民风强悍,直至薛安都以徐州投降北魏,徐州才纳入北朝的范围之中,在此之前为刘宋的屏障。徐州在分裂时期,为要冲,但到了大一统时期,如唐代,徐州节度使王智兴一度以徐州抗衡唐中央。苏轼还关注到利国监的铁冶铁业关系着整个徐州的稳定,徐州苏轼也留下了很多的诗文记录。

　　海州为连云港,靠海,海中有郁州岛为郁州的所在,现今已经连接成陆地。秦末田横亡命的田横固就在海州,海州由于航线,成为唐代新罗人,从新罗经过海州而到楚州的中转站。明代张峯在修《海州志》时留下了他对海州的评论。虽然海州滨海,又对陆地形成形胜之地,但张峯认为海州对陆地无关隘可守,对海则登高可望。因此海州遇到治世,则山海兴利,遇到乱世则水陆受敌。海州有因秦皇而得名的东门阙,也有因战争而记载的城池们,也留下战争英雄的记录。楚州有赵立死于王事,而海州也有魏胜死于王事。

　　第三章为淮泗地区的经济与社会,3-1为楚州与泗州,3-2为徐州与海州。首先楚州部分,楚州有"平阳石鳖,田稻丰饶"。楚州大量的水利措施,造就了农业的兴盛,包括有白水陂与盱眙破釜塘连结,引水灌溉两千顷。楚州盛产稻米,这边也有营田,本书关注到刘禹锡《为淮南杜相公论废楚州营田表》,主张废除营田,而营田为遥领的使相、地方刺史的小金库,每年可以提供钱物百万余。另外可以提供营田官员数百人,每年可以有十余人,获得"优授",提供给他们加薪升官之路。故薛珏罢去楚州的营田,但他本人也因为得罪太多既得利益者而被贬官。

　　此外楚州还有食盐收入,下辖的盐城县有相当高的盐税收入,该县以盐城为名,该县的盐城监,在宋代时期盐产一年有 27 万 7 千石。宋代进行了制盐技术的改革,楚州的盐产量从 27 万增加到了 41 万。楚州也修建了很多堤堰,如修堰自扬州江都到楚州淮阴 360 里,与高邮到盐城 240 里。

　　楚州的漕运非常重要,自扬州经邗沟抵达楚州后,从楚州经淮河,抵达通济渠,之后抵达黄河边上。扬州是出发的第一站,楚州是出发的第二站,转运的第一站。楚州城山阳县的仓城,因隋文帝伐陈,在此地储存军粮,逾百万,此地粮食甚多,至大业末,仍然"恒有积谷",后因隋乱而荒废,这是楚州屯粮转运之所。到了宋代在楚州设立了"转般仓",此仓在山阳县运河的西岸,原是隋唐漕运转运的所在。

　　楚州的水利中沙河的修筑也是重要的一笔,宋代刘蟠领头,乔维岳继之,沙河在明代淤积后,由陈瑄以沙河故渠,重修了清江浦,今日淮安清江浦仍犹存。宋代刘瑾还修龟山运河,龟山运河的开凿利于淮阴到洪泽的漕运运输。除了开凿新河,对于旧有河道进行整治,元丰7年(1084),疏浚真、楚运河。天禧2年(1018)修扬州古河,直接明载了自真州、扬州,入淮汴,扬州古河的修筑,使得漕运可以便利,省去装卸,与纤夫拉船的困境,顺畅无阻。扬州的漕运条件改善了,对楚州、泗州一带也会有所帮助。漕运一直是楚州重要的经济支柱,直到清末铁路兴起后,才逐渐取代了漕运。

泗州主要是宋代造船厂,同时又是宋金榷场的所在。泗州的船运交通便利,路上车马运输繁盛,足见泗州的繁忙与繁荣。泗州本地盛产桑麻,土产为绵、绢、赀布、绝。泗州的交通便利,将本地特产销售出去。加上泗州玻璃泉上酒得好水所酿,也是泗州重要的商品。元代马可波罗的《马可波罗行纪》中记录了马可波罗所看到的邳州与泗州。也看到了楚州、海州、宝应、泰州等地。在他眼中,邳州"大而富贵,工商业颇茂盛,产丝甚饶",泗州"大而华富,营工商业",此地附近一带有"极广的田亩与美丽的平原,盛产小麦及其他谷物"。从泗州到淮安会看到美地、美村、美聚落、美农舍,与垦殖的田亩,产有小麦、其他谷物与野味。马可波罗看到的淮安"船舶甚众,并在黄色大河上","货物甚众,辐辏于此",同时淮安产盐,可供蒙古大汗给其他40城之用。足见元代淮安周边地区的繁荣。

3-2 徐州与海州,徐州主要以苏轼治理徐州的诗文进行切入,主要探讨徐州的社会方面。苏轼首先带领徐州军民抗洪,抵御黄河水患。苏轼保全了徐州的人口,财富与建筑,还有仓库的库藏,这给其未来治理徐州留下了资本。笔者以为正是因为保全财物,隔年才有修黄楼之举,至于徐州外城的修筑则是中央补助。苏辙在为其兄苏轼写墓志铭的时候,也论述到了苏轼徐州治水这

件事情,距离熙宁十年(1077)已经过了 24 年。在墓志铭里面提
到,苏轼控制城内富户,使其能够留在城中,这对前文提到的做治
水准备起到了关键作用。因城内富户有钱有粮食,又有人力家
丁。留在城中可以安抚民心。紧接着苏轼亲赴军营调动士卒防
洪治水,在宋代这个重文轻武的时代,苏轼的行为很积极地调动
了武卫营士卒的积极性。墓志铭提到苏轼在洪水来临期间,直接
居住于城墙之上,与城民共存亡,这能有效的安抚民心。从这些
资料的拼凑,我们可以看出苏轼任上,一场洪水发生到结束,所历
经的过程。这也是徐州地区防洪治水的一段事迹。苏轼的治水
经传到了 24 年之后,当地人民仍记得那次所发生的黄河决堤犯
徐的事情。

　　关于海州虽然生产稻米、麦、黍稷、芝麻等五谷,但张峯的评
论点出了海州的农业情况,海州的情况旱田多而水田少,故以小
麦作为主要种植的谷物,同时为了防备灾害,其他谷物也会兼着
种植。海州在水利设施方面,黄金坝是隋代开皇 5 年(585)所修
筑,其余明代时另有银山坝、新坝、官河等水坝。海州虽然有这些
水利设施,但张峯告诉我们,海州"桥梁陂堤亦浸废,昔泽不陂障,
川无舟梁。"水利设施的缺乏养护,对于海州的农业也造成了一些
影响。海州在土产食货方面,产绫、绢、海味、盐、楚布、紫菜。这
是宋代方面的情况,《海州志》也说明了明代的情况。明代海州产
盐、丝、靛、黄蜡、白蜡、芦席、木绵等物产。

　　第四章消逝的淮泗地区与宗教,4-1 为文人作品中的楚州与
泗州,4-2 为文人作品中的徐州与海州,4-3 则为淮泗地区的宗
教。4-1 从白居易的"淮水东南第一州"这出自《赠楚州郭使君》
这首诗一开始,这郭使君(行余)串起了白居易与刘禹锡,从刘禹
锡的诗可以知道楚州开元寺北有枸杞井。接着是郑吉所写的《楚

州修城南门记》讲到了楚州溯淮河北上可以到达颖川,州兵互相联系着五州。楚州有兵 4000 人,征赋有两万,另外屯田五千顷,可保军食无忧。吕让在他的壁厅记提到楚州是扬州的属都,有兵五千,在籍的户口有数万人,是个重要的地方重镇。李邕《楚州淮阴县婆罗树碑》提到了淮阴地区海运与漕运便利。接下来为楚州人赵碬,他的《忆山阳》,这是淮阴当地人追思当地的诗。他的《楚州宴花楼》(亦作陪韦中丞宴扈都头花园)这诗名保留了宴花楼与扈都头花园的景点。楚州城位于礼字坝北方,现今淮安府衙位于东门大街上,这条路穿过北门大街,就变成西门大街。西门大街北侧为文通塔,也就是龙兴寺遗址所在,现为勺湖(法治公园),西门大街,经西长街往南为月湖,为开元寺遗址所在。由于淮阴与韩信关系密切,有多首诗歌提到韩信及其庙宇。苏轼在《淮上早发》一诗提到他常与楚州地区往来,因此与楚州当地文人联谊。苏轼除了本身与楚州的关系外,其学生张耒更是楚州淮阴人。苏轼往来楚州期间,为韩信庙写了《淮阴侯庙碑》。渡淮也是很多诗人提及的部分。李白在受到楚州人民招待黄鸡与酒后,写下《淮阴书怀,寄王宗成(一作王宗城)》一诗。楚州地区有很多酒楼,现可知道可溯及宋代的为何家楼,也能吃到好酒与淮白鱼。盱眙的玻璃泉则诞生了美酒。在中古时期的楚州桌上摆放着淮安油鸡、竹笋、野菜,搭配着楚州的酒或农民自己私酿的米酒,餐桌上也可能有淮河或附近小溪的鱼跟虾(诗中的水禽),这大概是唐代村民宴客的配备。李嘉祐这诗又告诉我们,在楚州附近的草市里面,有很多砍柴的前往贩卖,而靠近水边的渔家有捕获丰富的水禽,也就是鱼虾那些。

　　张耒的诗记录了楚州东园楼,这说明在宋代楚州,东园楼是一处不错的酒楼。诗人在旅经楚州时,有的住淮阳亭口号,有的住淮阴的水馆。最后是地理书中所保留的楚州景物（点），包括了石蘺山、荼陂、都梁宫、南昌亭、浊水（邗沟）、韩信城、淮水、枚乘宅墓、白水塘、淮阳婆罗树碑、盐渎。还有倅厅的月榭还有月波楼，郡治楚州城内的筹边堂。在楚州城的望云门外，有杏花村，在村中有揽辔亭。在楚州城南十里有著鞭亭，在水西南五里有望楚亭。在州桥西路北有镇淮楼，这楼本为镇江都统司酒楼。在楚州西南隅有紫极观有紫极观画壁，是李伯时在墙壁间画猴戏，马惊，而围人抽打马匹，当时人称赞为奇笔，以上为楚州的景点。

接下来泗州，陆畅诗中提到的谢家楼，应为唐代泗州的名楼，文人墨客常前往该处。蔡襄的诗记录了泗州登马子山观漕亭，张耒遇到了风至长淮。张耒在龟山买到了酒，并以野雁下酒。苏轼找了泗州的朋友刘倩叔，同游泗州附近，淮河南边的南山，沿途鲜嫩的蓼茸跟蒿笋与乳花带来了山野的情景。苏轼在泗州获赠酥酒，酥酒是古代的名酒，因而苏轼写诗庆祝。苏轼还有诗提到都梁山，又提到这边有野橘、寒蔬、珍禽等。

最后是地理书中所保留的泗州景物（点），从地理书的记载可以看到宋代时期的景物。《太平寰宇记》中有故故城、徐偃王庙、挂剑台、吴城（高平郡城）等。在泗州盱眙县值得关注的是废臧质城，这是臧质屯兵抵御北魏的城池。在《舆地纪胜》中泗州有鲁城即因三国时期鲁肃为临淮东城人，故在郡东 30 里的鲁城因鲁肃而得名。在玻璃泉上有起秀亭，浮山顶上有浮空亭，亭前有翠屏堂等。

4-2 为徐州与海州，徐州从唐代徐州节度使王智兴作了《徐州使院赋》开始，苏洵、苏轼、苏辙父子三人都写下徐州的诗文，其中苏轼有诗文 230 篇。从诗文中可以看到，苏轼在徐州的西园发酒食给父老，记录了东栏梨花，与友同游百步洪，相地筑亭种柳。

苏轼还带朋友北上圣女山游玩,而后南下前往百步洪。苏轼《登望祺亭》一诗记录了这个亭子,苏轼的诗也提到了戏马台与其上的台头寺。苏轼曾游北荆山,回来后又爬了圣女山,在圣女山上遇到了桓魋墓。桓魋墓,位于徐州北27里,"石门扇与石墓堂犹存"。苏轼在《又送郑户曹》一诗中,除了记载彭祖楼、戏马台、黄楼等景点以外,还提到了项羽、吕布两位豪杰,苏轼登上黄楼长啸,感叹人生。

苏轼还登上云龙山,看到山上有黄茅岗,岗上乱石林立,像羊群一般。去了雾猪山上的雾猪泉,主持了徐州的鹿鸣宴。苏轼也曾莅临景点—藏春阁,并写下《徐州藏春阁园中》,也曾莅临燕子楼,这是徐州节度使张建封府第之小楼。苏轼最后写下《罢徐州往南京马上走笔寄子由五首》离开徐州。除了苏轼以外,汪元量的诗中,提及彭祖宅与项王宫。地理书如《太平寰宇记》中彭城县有汉高祖庙、吕布城、百里嵩祠等景点。沛县有很多跟刘邦相关的景点,如县理城、沛宫、泗水亭、歌风台,与张良有关的有留城跟张良墓。滕县有桃山、雪山等景点,萧县有因刘裕为缓舆里人,而山为里名的缓舆山等景点。丰县,因刘邦为沛丰邑中阳里人,后得天下,沛为郡,丰为县。丰县有高祖故宅与大泽等景点,以上为徐州的景物。

接下来是海州,可以看到诗文有,张耒《海州道中二首》,写到田边尽是黄蒿,也有西瓜出现在房屋附近。张耒在《秋日登海州乘槎亭》写到海州乘槎亭,苏轼也有一首《次韵陈海州乘槎亭》写到该亭。张耒还登上海州城楼,写下了《登海州城楼》。张耒《将至海州明山有作》这首诗写到望着孤城(海州城)在海边,写到了熟稻天,证明海州产稻米,在酒市中沽酒,印证了稻米产量还算不错,所以可以酿酒。苏轼《次韵陈海州书怀》,写到了郁州苍梧山从海上来的典故。关于海州在《太平寰宇记》分为朐山县、东海县、怀仁县、沭阳县。在朐山县有孔望山，则因孔子登此山得名。牛栏村、糜竺冢，这都与三国时期糜竺有关。东海县的谢禄山与谢禄庙都与谢禄有关。怀仁县的夹山，这是齐景公与鲁定公的夹谷会盟，晏婴与孔子参加了这场会盟，《左传》认为此事发生就在怀仁县（赣榆县）的夹山之中。故利城，为汉代旧城，在怀仁县西60里处，为汉献帝所设立州郡的所在。最后是沭阳县，韩山与韩信任楚王时讲武有关，以上为海州的景物。

在4-3为淮泗地区的宗教，关于楚州首先是龙兴寺，现今龙兴寺故地已经变成淮安的文通中学。龙兴寺，唐代綦毋潜曾写了一首《宿龙兴寺》，龙兴寺在很多地方有，房琯的《龙兴寺碑序》也有所提及，为唐代官方在各州，所建的龙兴寺。龙兴寺现今已毁，原址仅剩下文通塔，与淮安文通中学、勺湖。文通塔最早可溯及大兴年间，此外另有淮阴建业寺，与泗州香积寺。关于佛教，李邕的《楚州淮阴县婆罗树碑》一文相当重要，纪载了婆罗树在楚州淮阴一事。吉中孚本身是楚州地方人士，初始担任道士，然后仕官，在唐德宗贞元初过世。李嘉佑《晚春送吉校书归楚州》，就是在吉中孚辞官回楚州前所写。就宗教上来看，吉中孚担任过道士，证明了楚州地区有道观的存在，一定程度上说明道教有在这边流传。

在《天启淮安府志》收录了张益《玄妙观记》，里面提到玄妙观在淮安郡城西南三百里，文中引述嘉定《山阳志》，玄妙观在县治后一里，是唐代的白鹤观，这是出自唐代会昌的乙丑断碑，宋代大中祥符年间改为天庆观，经战火摧毁，于明代洪武年间重建为玄妙观。淮安现今有东岳庙，相传为唐代贞观年间，程知节所建立，笔者曾实地走访。楚州的民间信仰还有伍子胥庙等。

泗州部分，最重要的是泗州佛-僧伽大师。僧伽大师是西域人，姓何，来华时隶名于楚州龙兴寺，这龙兴寺就是前文提及的龙兴寺，是楚州相当重要的佛教寺庙。后僧伽大师在泗州建立了普照王寺，肇因于该地挖出古香积寺遗址与古佛。僧伽大师为唐高宗所迎，后居于长安荐福寺，并坐化于该寺，最终回到泗州建塔，长留泗州。普照王寺，梅尧臣有诗《施景仁邀咏泗州普照王寺古桧》吟及该寺古桧木，而僧伽塔苏轼兄弟都有寺提及。泗州的盱眙海有严佛调所兴建的铁山寺。民间信仰可见泗州，临淮县西边的礕山上的赵征君祠，马钧祠、义帝祠也是泗州的庙宇。在临淮县还有地方神祉-淮涡神，淮涡神在龟山之下，在大禹时，为大禹所擒获，以大锁锁于龟山之下，到后唐时期，为刺史李汤遣人拉出锁，因而得见淮涡神。笔者以为这应是楚州当地所流传的神祉故事，而《太平寰宇记》将之保留下来，淮涡神应属于水神信仰。

徐州的部分，唐代储嗣宗的诗写到了徐州延福寺的情景。百里嵩祠、王仲德、墓仲甿庙为徐州的信仰。在海州的部分，在朐山县县南 142 里的硕濩湖，有神母庙的故事。神母庙的由来，是因为一老妇因为城门有血，携狗而走，逃至伊莱山而幸免。故伊莱山西南隅的石庙即为神母庙，这庙属于地方的民间信仰。植石庙是因为秦始皇立秦东门于朐山，这门石却流传下来，成为民间信仰的神祉。海州谢禄庙、由吾大夫庙都是地方信仰，除了男神以外，与女性相关的有孝妇庙。海州因为靠海，多有淫祠，故萧梁时期的王神念就曾禁毁淫祠。以上为淮泗地区的宗教部分。

参考文献

一、史料

(汉)司马迁:《史记》,北京:中华书局,2008 年。

(梁)沈约:《宋书》,北京:中华书局,2008 年。

(梁)萧子显:《南齐书》,北京:中华书局,2011 年。

(梁)萧统:《文选》,北京:中华书局,2005 年。

(北齐)魏收:《魏书》,北京:中华书局,2006 年。

(唐)白居易、朱金城笺注:《白居易集校笺》,上海:上海古籍出版社,2008 年。

(唐)令狐德棻:《周书》,北京:中华书局,2012 年。

(唐)刘禹锡:《刘禹锡集》,北京:中华书局,2004 年。

(唐)刘禹锡:《刘禹锡集》,北京:中华书局,2004 年。

(唐)杜佑:《通典》,北京:中华书局,2007 年。

(唐)李白:(清)王琦注,《李太白全集》,北京:中华书局,2015 年。

(唐)李吉甫:《元和郡县图志》,北京:中华书局,2005 年。

(唐)李百药:《北齐书》,北京:中华书局,2012 年。

(唐)李延寿:《北史》,北京:中华书局,2012 年。

(唐)李延寿:《南史》,北京:中华书局,2011 年。

(唐)李林甫:《唐六典》,北京:中华书局,2005 年。

(唐)房玄龄:《晋书》,北京:中华书局,2003 年。

(唐)姚思廉:《陈书》,北京:中华书局,2008 年。

(唐)姚思廉:《梁书》,北京:中华书局,2008 年。

(唐)徐坚:《初学记》,郑州:河南教育,1994 年。

(唐)许嵩:《建康实录》,北京:中华书局,2009 年。

(唐)欧阳询:《艺文类聚》,台北:古今大典文化,2000 年。

（唐）魏征：《隋书》，北京：中华书局，2002 年。

（五代）孙光宪：《北梦琐言》，北京：中华书局，2002 年。

（五代）刘昫：《旧唐书》，北京：中华书局，2002 年。

（宋）王象之：《舆地纪胜》，北京：中华书局，2003 年。

（宋）王钦若：《册府元龟》，北京：中华书局，2003 年。

（宋）司马光：《资治通鑑》，台北：世界书局，1972 年。

（宋）苏辙：《栾城集》，上海：上海古籍出版社，1987 年。

（宋）李昉：《太平御览》，台湾：台湾商务印书馆，1997 年。

（宋）李昉：《文苑英华》，北京：中华书局，2003 年。

（宋）李壁笺注，高克勤点校：《王荆文公诗笺注》，上海：上海古籍出版社，
　　2009 年。

（宋）祝穆：《方舆胜览》，北京：中华书局，2003。

（宋）张敦颐：《六朝事蹟编类》，台北：广文书局，1970 年。

（宋）郑樵：《通志二十略》，北京：中华书局，1995 年。

（宋）欧阳修：《新五代史》，北京：中华书局，1974 年。

（宋）欧阳修：《新唐书》，北京：中华书局，2003 年。

（宋）乐史：《太平寰宇记》，北京：中华书局，2007 年。

（元）脱脱：《宋史》，北京：中华书局，2010 年。

（明）李贤：《明一统志》，四库全书。

（明）宋濂：《元史》，北京：中华书局，1970 年。

（明）张峯：《海州志》，上海：上海古籍书店，景印宁波天一阁藏明代隆庆刻本。

（明）郭大纶：《万历淮安府志》，万历元年（1573）刻本

（清）王夫之：《读通鑑论》，北京：中华书局，2008 年。

（清）张廷玉：《明史》，北京：中华书局，2015 年。

（清）阮元：《十三经注疏》，台北：艺文印书馆，2011 年。

（清）陈梦雷：《古今图书集成》，台北：中华书局，1934 年。

（清）彭定求等编：《全唐诗》，北京：中华书局，2003 年

（清）董诰：《全唐文》，北京：中华书局，1983 年。

（清）严可均：《全上古三代秦汉六朝文》，北京：中华书局，1999 年。

（清）顾祖禹：《读史方舆纪要》，北京：中华书局，2006 年。

山阳志筹印委员会：《山阳艺文志》，台北：山阳志筹印委员会，1981 年。

北京大学古文献研究所编：《全宋诗》，北京：北京大学出版社，1992 年。

朱东润校注：《梅尧臣集编年校注》，上海：上海古籍出版社，1980 年。

孙钦善校注：《高适集校注》，上海：上海古籍出版社，2014 年。

杨守敬、熊会贞：《水经注疏》，江苏：江苏古籍出版社，2001 年。

辛更儒校笺:《杨万里集校笺》,北京:中华书局,2007 年。

沙海昂注:《马可波罗行纪》,台北:台湾商务出版社,2000 年。

陈宏天、高秀芳点校:《苏辙集》,北京:中华书局,2004 年。

陈尚君辑校:《旧五代史新辑会证》,上海:复旦大学出版社,2005 年

郁贤皓:《唐刺史考全编》,安徽:安徽大学出版社,2000 年。

顾学颉校点:《白居易集》,北京:中华书局,1999 年。

徐培均笺注:《淮海集笺注》,上海:上海古籍出版社,2000 年。

陶敏敏、王友胜校注:《韦应物集校注》,上海:上海古籍出版社,1998 年。

傅璇琮:《唐才子传校笺》,北京:中华书局,2002 年。

曾枣庄、舒大刚:《苏东坡全集》,北京:中华书局,2021 年。

管仁福:《苏轼徐州诗文辑注》,北京:中国矿业大学出版社,2022 年。

谭优学:《赵嘏诗注》,上海:上海古籍出版社,1985 年。

瞿蜕园:《刘禹锡集笺证》,上海:上海古籍出版社,2009 年。

二、中文专书

王仲荦:《魏晋南北朝史》,台北:汉京出版社,1992 年。

卢建荣:中国中古的社会与国家:京华磁吸、门阀自毁与藩镇做大,台北:暖暖
　　出版社,2024 年。

卢建荣:咆哮彭城唐代淮上军民抗争史(763—899),北京:北京大学出版社,
　　2014 年。

史念海:《河山集》3,北京:人民出版社,1988 年

史念海:《河山集》7,西安:陕西师范大学出版社,1999 年

史念海:《河山集》5,北京:人民出版社,1988 年

朱大渭等:《魏晋南北朝社会生活史》,北京:新华书局,2005。

李天石:《江苏通史》宋元卷,南京:凤凰出版社 2012 年。

周一良:《魏晋南北朝史论集》,北京:北京大学,1997 年。

周一良:《魏晋南北朝史论集续编》,北京:北京大学,1991 年。

唐长孺:《魏晋南北朝史论拾遗》,北京:中华书局,2011 年。

唐长孺:《魏晋南北朝史论丛》,河北:河北教育出版社,2002 年。

唐长孺:《魏晋南北朝史论丛续编》,北京:新华书店,1978 年。

唐长孺:《魏晋南北朝隋唐史三论》,武汉:武汉大学出版社,1998 年。

陈寅恪:《金明馆丛稿二编》,北京:新华书店,2001 年。

陈寅恪:《金明馆丛稿初编》,北京:新华书店,2001 年。

陈寅恪:《唐代政治史述论稿》,台北:里仁书局,2004 年。

陈寅恪:《隋唐制度渊源略论稿》,台北:里仁出版社,2004 年。

傅乐成:《汉唐史论集》,台北:联经出版社,1995 年。

舒新城等编:《辞海》,北京:中华书局,1994 年。

黄永年:《唐代史事考释》,台北:联经出版社 1998 年。

万绳楠整理:《陈寅恪魏晋南北朝史讲演录》,台北:云龙出版社,2002 年。

熊德基:《六朝史考实》,北京:中华书局,2000 年。

缪荃荪:《江苏省通志稿》,江苏:江苏省政府,1945 年

赵超:《汉魏南北朝墓志彙编》,天津:天津古籍,2008 年。

韩理洲等辑校:《全三国两晋南朝文补遗》,陕西:三秦出版社,2013 年。

谭其骧:《中国历史地图集》,北京:新华书店,1996 年。

三、学位论文

王效锋,《唐代中期战争问题研究》,陕西师范大学博士论文,2012 年。

王娟:《冲突与融合:魏晋南北朝时南人北迁研究》,上海师范大学博士论文,2013 年。

王磊:《淮泗画像石——东汉墓葬的视觉营造与历史主体》,中央美术学院博士论文,2017 年。

文媛媛:《唐代土贡研究》,陕西师范大学博士论文,2014 年。

师敏:《圆仁的入唐求法及其对日本文化的影响》,西北大学博士论文,2011 年。

朱德军:《唐代中原藩镇研究》,陕西师范大学博士论文,2009 年。

伍纯初:《朱梁集团研究》,上海师范大学博士论文,2017 年。

刘勋:《唐代旅游地理研究》,华中师范大学博士论文,2011 年。

刘尊志:《徐州汉墓与汉代社会研究》,郑州大学博士论文,2007 年。

许秀文:《魏晋南北朝社会保障研究》,河北师范大学博士论文,2020 年。

孙越:《唐代自然灾害诗歌研究》,吉林大学博士论文,2021 年。

李青淼:《唐代盐业地理》,北京大学博士论文,2008 年。

李高金:《黄河南徙对徐淮地区生态和社会经济环境影响研究》,中国矿业大学博士论文,2010 年。

李常生:《苏轼行踪考》,南京师范大学博士论文,2017 年。

李维才:《唐代粮食问题研究》,山东大学博士论文,2011 年。

杨玉锋:《唐代送别诗研究》,陕西师范大学博士论文,2020 年。

杨杨:《〈太平寰宇记〉若干问题研究》,上海师范大学博士论文,2017 年。

何适:《从内地到边郡:宋代扬州城市与经济研究》,上海师范大学博士论文,2016 年。

张义祥:《北宋大运河功能及社会影响研究》,郑州大学博士论文,2021 年。

陈饶:《江淮东部城镇发展历史研究》,东南大学博士论文,2016 年。

林云鹤:《唐代山南道研究》,上海师范大学博士论文,2018 年。

周庆彰:《五代时期南方诸政权政区地理》,复旦大学博士论文,2010 年。

周燕来:《南宋两淮地区军事防御体系研究——以宋金和战时期为中心》,西
　　北大学博士论文,2010 年。

周燕来:《南宋两淮地区军事防御体系研究——以宋金和战时期为中心》,西
　　北大学博士论文,2010 年。

郑壹教:《南宋货币与战争》,河北大学博士论文,2012 年。

赵仁龙:《唐代宦游文士之南方生态意象研究》,南开大学博士论文,2012 年。

侯兵:《南京都市圈文化旅游空间整合研究》,南京师范大学博士论文,
　　2011 年。

姜雨:《金代南京路研究》,吉林大学博士论文,2024 年。

姚菊:《苏门词人研究究》,南京大学博士论文,2013 年。

徐臣攀:《汉唐时期农耕区拓展研究》,陕西师范大学博士论文,2016 年。

陶新华:《魏晋南朝中央对地方军政官的管理制度研究》,北京大学博士论文,
　　2000 年。

曹建刚:《唐代"江东"地域政局研究》,山东大学博士论文,2014 年。

崔伟:《〈永乐大典〉本江苏佚志研究》,安徽大学博士论文,2010 年。

梁克敏:《唐代城市管理研究》,陕西师范大学博士论文,2018 年。

黄毓芸:《魏晋隋唐方志文献学研究》,西南交通大学博士论文,2019 年。

蒋鑫:《淮扬运河沿线传统景观体系研究》,北京林业大学博士论文,2022 年。

谢宇荣:《唐代女性衣食劳作及其文化影响研究》,陕西师范大学博士论文,
　　2021 年。

靳强:《唐代的自然灾害若干问题研究》,武汉大学博士论文,2013 年。

霍艳虹:《基于"文化基因"视角的京杭大运河水文化遗产保护研究》,天津大
　　学博士论文,2017 年。

洪扬:《中古时期郁洲岛地域社会研究》,南京大学硕士论文,2017 年。

四、中文期刊论文

王兆鹏、李洁芳:《20 世纪宋史领域里苏轼研究论著的量化分析》,《海南大学
　　学报(人文社会科学版)》第 6 期,2023 年,第 11—21 页。

王旭:《北宋淮南东部的水利工程与区域发展进程》,《江苏社会科学》第 3 期,
　　2024 年,第 232—240 页。

王曾瑜、贾芳芳:《南宋民族英雄赵立和楚州保卫战》,《四川师范大学学报》,
　　第 40 卷,第 4 期,2013 年 7 月,第 135—136 页。

王蕊：《青徐兖地方军政长官与西晋后期政局》，《东岳论丛》第 10 期，2009 年，第 92—97 页。

朱子彦：《汉魏之际徐州的战略地位与归属》，《史林》第 3 期，2010 年，第 38—47＋188 页。

朱德军：《时空维度下的中晚唐直隶州》，《江汉论坛》第 3 期，2019 年，第 106—112 页。

刘海波：《楚州献宝与改元宝应：唐肃代之际政治史探微》，《信阳师范学院学报》，第 38 卷第 3 期，第 126—128 页。

闫天一、刘超、梁勇：《江苏徐州铜山区"桓魋石室"调查简报》，《东南文化》第 4 期，2023。

许峻维：《魏晋隋唐时期海州文化的发展》，《淮阴师范学院学报（哲学社会科学版）》第 4 期，2019 年，第 614—618 页。

杜文玉、王凤翔：《唐五代时期茶叶产区分布考述》，《陕西师范大学学报（哲学社会科学版）》第 3 期，2007 年，第 78—87 页。

李小山：《泗州开元寺僧澄观考》，《兰台世界》第 13 期，2011 年，第 76—77 页。

李静、董宏钰：《论泗州时期苏轼的诗心佛缘》，《学术交流》第 12 期，2016 年，第 196—201 页。

吴同：《北宋汴河、淮南运河的通航能力与漕粮定额》，《中国经济史研究》第 5 期，2020 年，第 12—24 页。

汪勃：《扬州唐罗城形制与运河的关系——兼谈隋唐淮南运河过扬州唐罗城段位置》，《中国国家博物馆馆刊》第 2 期，2019 年，第 6—19 页。

汪舒桐：《论太建北伐陈与北齐在淮南的攻守——兼释"他家物，从他去"》，《安徽史学》第 1 期，2022 年，第 142—149 页。

张文华：《隋唐时期淮北地区农业生产的地域差异及其盛衰变迁》，《历史教学问题》第 6 期，2011 年，第 92—99＋21 页。

张金铣、赵建玲：《唐末清口之战及其历史地位》，《安徽大学学报》第 1 期，2000。

张亮、杨潇：《长安传统与泗州样式：唐宋僧伽造像的两个序列》，《敦煌研究》第 3 期，2023 年，第 88—97 页。

张勇、耿雪敏：《两宋淮南地区物资转输体系初探》，《中国农史》第 4 期，2010 年，第 60—65＋27 页。

张勇、曹卫玲：《两宋淮南地区物资转输地理格局初探》，《史林》第 5 期，2009 年，第 91—97＋189 页。

陈业新：《历史地理视野下的泗州城市水患及其原因探析》，《学术界》第 5 期，2020 年，第 167—175 页。

陈炳飞:《中国的水下庞贝——古泗州城》,《中学地理教学参考》第 10 期,2000 年,第 2 页。

罗凤珠:《苏轼文史地理资讯建构》,图书与资讯学刊,第 4 卷第 2 期。

郑弌:《佛装与佛化—中古时期泗州僧伽信仰与图像的在地化》,《中国国家博物馆馆刊》第 12 期,2016 年,第 71—97 页。

胡建君、刘欣宜:《北宋"墨文化"再解读——围绕以苏轼为中心的文人圈的考察》,《复旦学报(社会科学版)》第 6 期,2023 年,第 143—151 页。

秦冬梅、陈晓红:《试论六朝时期的江淮农业》,《中国农史》第 4 期,1996 年,第 8 页。

袁钰莹:《五代两宋政局变动下的淮南商业格局》,《南京大学学报》第 5 期,2022 年,第 61—71 页。

徐东升:《唐宋麻布生产的地理分布》,《中国社会经济史研究》第 2 期,2008 年,第 6—13 页。

徐东升、郑学檬、苏轼《以(煤)冶铁作兵,犀利胜常》辨析,西北师大学报(社会科学版)第 3 期,2008,第 59—62 页。

黄纯艳:《宋代运河的水情与航行》,《史学月刊》第 6 期,2016 年,第 91—108 页。

黄宽重:《南宋高宗孝宗之际的抗金义军》,《中研院史语所集刊》,51 本 3 分,1980 年 9 月,第 564—565 页。

鲁西奇:《汉唐滨海地域的社会与文化》,《历史研究》,2019 年第 3 期,第 4—22＋189 页。

谢安琪、张义中:《淮南地区南北朝墓葬探析》,《东南文化》第 2 期,2023 年,第 88—99＋202 页。

谢振华:《南朝"以淮为界"疆域观的形成及其影响》,《安徽史学》第 3 期,2024 年,第 125—133 页。

图书在版编目(CIP)数据

中古时期淮泗区域研究/许峻维著.—上海:上
海三联书店,2025.4.—ISBN 978-7-5426-8883-5

Ⅰ.K295.33

中国国家版本馆 CIP 数据核字第 2025YQ7814 号

中古时期淮泗区域研究

著　　者 / 许峻维

责任编辑 / 郑秀艳
装帧设计 / 徐　徐
监　　制 / 姚　军
责任校对 / 王凌霄

出版发行 / 上海三联书店
　　　　　(200041)中国上海市静安区威海路 755 号 30 楼
邮　　箱 / sdxsanlian@sina.com
联系电话 / 编辑部:021-22895517
　　　　　发行部:021-22895559
印　　刷 / 上海盛通时代印刷有限公司

版　　次 / 2025 年 4 月第 1 版
印　　次 / 2025 年 4 月第 1 次印刷
开　　本 / 890 mm×1240 mm　1/32
字　　数 / 160 千字
印　　张 / 7.25
书　　号 / ISBN 978-7-5426-8883-5/K·827
定　　价 / 58.00 元

敬启读者,如发现本书有印装质量问题,请与印刷厂联系 021-37910000